D1691231

Simon Schirmbeck

Systemrelevanz von Geschäftsbanken

Bachelor + Master
Publishing

Schirmbeck, Simon: Systemrelevanz von Geschäftsbanken, Hamburg, Bachelor +
Master Publishing 2013

Originaltitel der Abschlussarbeit: Systemrelevanz von Geschäftsbanken

Buch-ISBN: 978-3-95684-058-6
PDF-eBook-ISBN: 978-3-95684-558-1
Druck/Herstellung: Bachelor + Master Publishing, Hamburg, 2013
Covermotiv: © Kobes · Fotolia.com
Zugl. Universität des Saarlandes, Saarbrücken, Deutschland, Bachelorarbeit, 2013

Bibliografische Information der Deutschen Nationalbibliothek:
Die Deutsche Nationalbibliothek verzeichnet diese Publikation in der Deutschen
Nationalbibliografie; detaillierte bibliografische Daten sind im Internet über
http://dnb.d-nb.de abrufbar.

Das Werk einschließlich aller seiner Teile ist urheberrechtlich geschützt. Jede Verwertung
außerhalb der Grenzen des Urheberrechtsgesetzes ist ohne Zustimmung des Verlages
unzulässig und strafbar. Dies gilt insbesondere für Vervielfältigungen, Übersetzungen,
Mikroverfilmungen und die Einspeicherung und Bearbeitung in elektronischen Systemen.

Die Wiedergabe von Gebrauchsnamen, Handelsnamen, Warenbezeichnungen usw. in
diesem Werk berechtigt auch ohne besondere Kennzeichnung nicht zu der Annahme,
dass solche Namen im Sinne der Warenzeichen- und Markenschutz-Gesetzgebung als frei
zu betrachten wären und daher von jedermann benutzt werden dürften.

Die Informationen in diesem Werk wurden mit Sorgfalt erarbeitet. Dennoch können
Fehler nicht vollständig ausgeschlossen werden und die Diplomica Verlag GmbH, die
Autoren oder Übersetzer übernehmen keine juristische Verantwortung oder irgendeine
Haftung für evtl. verbliebene fehlerhafte Angaben und deren Folgen.

Alle Rechte vorbehalten

© Bachelor + Master Publishing, Imprint der Diplomica Verlag GmbH
Hermannstal 119k, 22119 Hamburg
http://www.diplomica-verlag.de, Hamburg 2013
Printed in Germany

I. Inhaltsverzeichnis

I. Inhaltsverzeichnis I

II. Abkürzungsverzeichnis II

1. Vorwort 1

2. Begriffliche Abgrenzungen 2

    2.1 Geschäftsbank 2

    2.2 Liquidität 3

    2.3 Systemrelevanz 3

3. Funktionsweise und Krisenanfälligkeit des Bankwesens 4

    3.1 Zentralbanken und Interbankenmarkt 4

    3.2 Die Rolle der Geschäftsbank in der Volkswirtschaft 6

    3.3 Kalkül der Geschäftsbanken und neue Geschäftsmodelle 8

    3.4 Gefahren und Krisen der Geschäftsbanken 10

    3.5 Möglichkeiten des externen Eingriffs 14

4. Systemrelevanz 17

    4.1 Von der Funktion zur Systemrelevanz 17

    4.2 Indikatoren 18

    4.3 Exkurs: Finanzkrise ab 2007 22

        4.3.1 Relevanz des Themas und Ursachen der Finanzkrise 22

        4.3.2 Ausbruch der Krise 24

        4.3.3 Vertrauenskrise und Rettungsmaßnahmen 25

    4.4 Systemrelevanz als Problem 28

        4.4.1 Die Rechtfertigung von Staatshilfen 28

        4.4.2 Moral Hazard 30

    4.5 Umgang mit systemrelevanten Instituten 33

5. Fallstudien 35

    5.1 Lehman Brothers 35

    5.2 Hypo Real Estate 38

6. Fazit 40

III. Literaturverzeichnis III

IV. Tabellen- und Abbildungsverzeichnis X

V. Anhang XI

II. Abkürzungsverzeichnis

Abb.	Abbildung
BaFin	Bundesanstalt für Finanzdienstleistungsaufsicht
BIS/BIZ	Bank für internationalen Zahlungsausgleich
bspw.	beispielsweise
bzw.	beziehungsweise
bpb	Bundeszentrale für politische Bildung
EU	Europäische Union
EZB	Europäische Zentralbank
f.	folgende Seite
ff.	fortfolgende Seiten
FAZ	Frankfurter Allgemeine Zeitung
Fed	Federal Reserve Bank
FMSA	Bundesanstalt für Finanzmarktstabilisierung
FMStG	Finanzmarktstabilisierungsgesetz
FSB	Finance Stability Board, Finanzstabilitätsrat
ggf.	gegebenenfalls
Hrsg.	Herausgeber
HRE	Hypo Real Estate
IMF/IWF	Internationaler Währungsfond
KfW	Kreditanstalt für Wiederaufbau
LoLR	Lender of Last Resort
NZZ	Neue Zürcher Zeitung
OECD	Organisation for Economic Co-Operation and Development
S.	Seite
SIB	Systemically Important Bank
SIFI	Systemically Important Financial Institution
SoFFin	Finanzmarktstabilisierungsfonds
sog.	So genannt
SVR	Sachverständigenrat zur Begutachtung der gesamtwirtschaftlichen Situation
TBTF	Too Big To Fail
u.a.	unter anderem
vgl.	vergleiche
z.B.	zum Beispiel

1. Vorwort

"Das schlimmste ist überstanden."

Zu dieser Erkenntnis kam Richard Fuld, seinerzeit CEO der inzwischen insolventen Investmentbank Lehman Brothers vier Monate vor der Insolvenz seiner Bank, die die erste echte Rezession der Weltwirtschaft einläutete. Die Banken-, Finanz-, Wirtschafts-, Vertrauens- und Hypothekenkrise, die das politische und wirtschaftliche Geschehen noch bis zum Zeitpunkt dieser Arbeit prägt, stand dabei aber nicht nur im Zeichen des großen "Bankensterbens". Viel eher wurden im Rahmen der Finanzkrise dreistellige Milliardenbeträge zur Rettung zahlreicher Banken aufgewandt, die zu einem großen Teil aus öffentlichen Mitteln stammen. Die Verwendung dieser Mittel, die zweifelsohne auch in die Konsolidierung der öffentlichen Haushalte oder in Bildung, Forschung oder Infrastrukturmaßnahmen hätten fließen können, wurde letztendlich als alternativlos angesehen. Wissenschaft, Interessenverbände und Politiker waren sich einig, dass kein Weg an der Unterstützung insolvenzgefährdeter Banken vorbei führt und sahen sich in der Insolvenz von Lehman Brothers in den vereinigten Staaten bestätigt, welche eine weltweite Vertrauenskrise auslöste und die ohnehin bereits angespannte Situation auf den Finanzmärkten verschärfte. Die öffentliche Meinung war jedoch ein andere. Die Selbstverständlichkeit, mit der in kürzester Zeit zwei- oder dreistellige Milliardenbeträge zur Rettung von Banken mobilisiert wurde, wo auf kommunaler Ebene jeder Cent zweimal umgedreht werden muss, traf in der Bevölkerung auf Unverständnis. Dabei kam immer wieder die Frage nach der Rechtfertigung der Staatshilfen auf. Warum wurde Opel oder Schlecker nicht gerettet, aber Banken scheinbar bedingungslos über Nacht gerettet? Die Erklärung liegt in der Systemrelevanz der Geschäftsbanken. Das Ziel dieser Arbeit ist die kritische Untersuchung der Systemrelevanz einer Geschäftsbank um die Verwendung öffentlicher Mittel zur Unterstützung der Geschäftsbank in Krisensituationen rechtfertigen zu können und gegebenenfalls die sich daraus ergebenden Probleme angehen zu können.

Um nach den begrifflichen Abgrenzungen im zweiten Kapitel das Thema erarbeiten zu können, bietet sich folgender Aufbau an:

Im dritten Kapitel wird nach einer kurzen Darstellung der Architektur des Bankenwesens auf die volkswirtschaftliche Relevanz einer Bank eingegangen, um die Wichtigkeit funktionsfähiger Geschäftsbanken zu betonen. Dabei wird neben der Krisenanfälligkeit der Finanzmärkte auch das Kalkül der Geschäftsbanken als eigenständige und gewinnorientierte Unternehmen diskutiert.

In einem nächsten Schritt wird in Kapitel vier die Systemrelevanz einer Geschäftsbank untersucht. Anhand einiger Indikatoren wird zunächst erläutert, was eine systemrelevante Bank auszeichnet. Da sich die vergangene Finanzmarktkrise gut zur Veranschaulichung vieler theoretischer Bestandteile dieser Arbeit eignet und weiterhin die Systemrelevanz einer Bank innerhalb der Krise sowohl öffentliche Debatten als auch wissenschaftliche Diskussionen prägte, wird in einem Exkurs nochmals die zentralen Ereignisse und Maßnahmen diskutiert. Abschließend wird erläutert, warum systemrelevante Banken ein Problem darstellen, wie es behoben werden kann und ob staatliche Unterstützungsmaßnahmen für systemrelevante Geschäftsbanken tatsächlich gerechtfertigt sind.

Da die Verwendung öffentlicher Mittel zur Stützung eines systemrelevanten Kreditinstituts sowohl in der Wissenschaft als auch in der öffentlichen Meinung kritisch gesehen wird, wird anhand zweier Fallstudien in Kapitel 5 sowohl die Möglichkeit einer Verweigerung von Staatshilfen, als auch die umfangreiche Unterstützung einer Geschäftsbank aufgezeigt.

2. Begriffliche Abgrenzungen

2.1 Geschäftsbank

Für den Begriff der Geschäftsbank existiert in der Literatur eine Vielzahl an Definitionen[1], die sich lediglich im Detailgrad oder im betrachteten Aspekt unterscheiden. Grundsätzlich versteht man unter Geschäftsbanken „diejenigen Banken, die universell tätig sind, also alle Bankgeschäfte betreiben" (Wirtschaftslexikon24 2013). Weiterhin unterscheidet man durchaus verschiedene Arten von Banken, so wird z.B. das Investmentbanking als eigenständiger Bereich gesehen und folglich manche Banken als Investmentbanken oder Investmentgesellschaften bezeichnet: „Eine Investmentgesellschaft ist eine Institution, die Anteilsscheine an die Öffentlichkeit vergibt und Einnahmen daraus dazu verwendet, eine Auswahl, ein Portfolio von verschiedenen Aktien Anleihen oder eine Kombination beider Anlageformen zu kaufen" (Mankiw/Taylor 2011, S.683)[2]. Da aber in den USA seit 1999 ein Universalbankensystem etabliert ist und dieses in Europa zumindest bis 2013[3] der Standard war, bietet es sich an, auf die allgemeine aber relativ präzise Definition des Begriffs *Geschäftsbank* aus dem Glossar der deutschen Bundesbank zurückzugreifen: „Eine Bank ist ein Wirtschaftsbetrieb, der Dienstleistungen rund ums Geld erbringt. Banken vergeben Kredite und schaffen in diesem Zuge Giralgeld. Zu ihrer Refinanzierung nehmen sie fremde

---

[1] Eine eher geldtheoretische Definition liefert Issing (2011, S.53), wo hingegen bei Mankiw/Taylor (2011, S.683) die Rolle der Bank als Dienstkeister definiert wird.
[2] Weitere Aspekte des Investmentbanking bei Baßeler/Heinrich/Utecht (2010, S.513).
[3] Vgl. Abschnitt 4.5 und Baßeler/Heinrich/Utecht (2010, S.513)

Gelder an (Einlagengeschäft) oder begeben Schuldverschreibungen. Zu den weiteren Hauptaufgaben der Banken gehört es, die Wirtschaft mit Bargeld zu versorgen, den bargeldlosen Zahlungsverkehr abzuwickeln sowie Wertpapierdienstleistungen zu erbringen. Banken sind in Deutschland diejenigen Unternehmen, die nach § 1 Abs. 1 KWG die dort genannten Bankgeschäfte betreiben" (Deutsche Bundesbank 2013). Im Folgenden werden die Begriffe Bank, Geschäftsbank und Kreditinstitut daher synonym verwendet.

2.2 Liquidität

Liquidität ist ein umfangreicher Begriff, der viele verschiedene Aspekte beinhaltet. Im Rahmen dieser Arbeit wird unter Liquidität vor allem eine Eigenschaft von Wirtschaftssubjekten verstanden: „Gemeint ist hier die Fähigkeit eines Wirtschaftssubjektes, alle Zahlungsverpflichtungen termingerecht erfüllen zu können, Liquidität in diesem Sinne stellt also auf die Zahlungsfähigkeit" (Issing 2011b, S.174). Da die Zahlungsunfähigkeit der allgemeine Eröffnungsgrund zur Insolvenz ist (§17 InsO), werden die Begriffe *Zahlungsunfähig* und *Insolvent* fortan als Synonyme verwendet. Ein weiterer wichtiger Aspekt von Liquidität ist allerdings, dass es in der Bankenbetriebslehre und im Rechnungswesen unterschiedliche Stufen von Liquidität gibt, welche jeweils „die Leichtigkeit, mit der ein Aktivum in das Tauschmittel der entsprechenden Volkswirtschaft umgewandelt werden kann" (Mankiw/Taylor 2011, S.761) beschreiben[4].

2.3 Systemrelevanz

Für die Systemrelevanz einer Geschäftsbank existiert eine einheitliche aber recht ungenaue Definition: „Ein Institut gilt dann als systemrelevant, wenn seine Schieflage eine erhebliche negative Auswirkung auf andere Finanzunternehmen, den Finanzmarkt oder das Vertrauen der Einleger und Marktteilnehmer in die Funktionsfähigkeit des Finanzsystems hat" (FMSA 2013a)[5]. Systemrelevante Banken werden oft als *Systemically Important Financial Institution (SIFI)* oder *Systemically Important Bank (SIB)* bezeichnet (FSB 2012, Ziffer 1) und sind umgangssprachlich *too big to fail*, also *zu groß, um zu scheitern*. Da die vergangene Finanzkrise zeigte, dass nicht nur die Finanzmarktstabilität, sondern durchaus auch die Stabilität der gesamten Volkswirtschaft von einer einzigen Geschäftsbank abhängen kann bietet es sich an, eine etwas drastischere Definition für den Begriff *too big to fail (tbtf)* zu

---

[4] Vgl. auch Issing (2011, S.174) und Deutsche Bundesbank (2013b) und BMWI (2013)
5 Diese Definition ist gängig in den meisten öffentlichen Institutionen und Regulierungsbehörden, vgl. Baseler Ausschuss für Bankenaufsicht (2011, Ziffer 3) und ist weiterhin fast deckungsgleich mit der in §48b Abs.2 KWG verankerten Definition von Systemgefährdung

wählen: „Er bezeichnet seither den Umstand, dass der Staat ein Unternehmen aufgrund seiner schieren Grösse nicht untergehen lassen darf, ohne einen erheblichen volkswirtschaftlichen Schaden zu riskieren" (Zürcher 2010, S.4).

3. Funktionsweise und Krisenanfälligkeit des Bankwesens

3.1 Zentralbanken und Interbankenmarkt

Moderne Volkswirtschaften setzten seit Mitte des 19. Jahrhunderts auf das zweistufige Bankensystem, in dem neben den Geschäftsbanken auch eine Zentralbank existiert, die als Notenbank die Aufgabe der Geldschöpfung[6] übernimmt (Spahn 2009, S. 18).

Dabei ergibt sich die Abhängigkeit der Geschäftsbanken von der Zentralbank und somit die Nachfrage der Geschäftsbanken an Notenbankgeld durch das Zusammenspiel zweier Kreisläufe (Bofinger 2011, S.428):

- Die Kunden einer Bank benötigen Geld und fragen bei der Bank einen Kredit nach.
- Die Bank muss die Kreditvergabe zumindest teilweise[7] durch die Aufnahme von Zentralbankguthaben decken, da auch die Geschäftsbank ein gewisses Maß an Liquidität aufweisen muss.

Falls sich eine Notenbank dazu entscheidet, Geld zu schöpfen, also die Geldmenge zu erhöhen, wird sie Geld drucken und dieses Geld gegen Wertpapiere der Geschäftsbanken tauschen. Geschäftsbanken erhalten ihre Liquidität also zunächst durch den Verkauf von Wertpapieren an die Zentralbank (Mankiw/Taylor 2012, S.765f).

In der Realität haben Zentralbanken mehrere Instrumente zur Steuerung der Geldmenge, im Folgenden werden kurz die Instrumente der europäischen Zentralbank dargestellt:

Offenmarktgeschäfte: Die europäische Zentralbank kauft Wertpapiere am Geld – oder Kapitalmarkt an. Die Offenmarktgeschäfte bilden den Rahmen der Geldpolitik der EZB. Möchte eine Geschäftsbank ihre Liquidität über Offenmarktgeschäfte mit der europäischen Zentralbank beziehen, so lassen sich folgende Möglichkeiten aufzeigen (bpb 2013a):

- Hauptrefinanzierungsgeschäfte: Die Notenbank bietet den Geschäftsbanken Zentralbankguthaben mit einer Laufzeit von 14 Tagen an. Die Vergabe des Zentralbankguthabens erfolgt durch das Zinstenderverfahren, bei dem Geschäftsbanken Gebote über Menge und Verzinsung des erwünschten Zentralbankguthabens abgeben. Die

---

[6] Zur Methodik der Geldschöpfung vgl. Spahn (2009, S.19ff) und Issing (2011, S.53ff)
[7] Vgl. auch Spahn (2009, S.22ff), wo an dieser Stelle die Thematik des Geldbasismultiplikator und des Kreditschöpfungsmultiplikator erörtert wird.

Zentralbank legt lediglich einen Mindestbietungssatz bekannt, der gleichzeitig dem populäreren „Leitzins" entspricht.

- Längerfristige Refinanzierungsgeschäfte: Die Zentralbank bietet den Geschäftsbanken monatlich Zentralbankgeld mit einer Laufzeit von 3 Monaten an, welche die kürzere Laufzeit der Hauptrefinanzierungsgeschäfte ergänzen.

Längerfristige Refinanzierungsgeschäfte haben in der jüngeren Finanzmarktkrise an Bedeutung gewonnen, als die EZB sich im Oktober 2011 dazu entschied, zukünftig Refinanzierungsgeschäfte mit einer Laufzeit von bis zu 3 Jahren anzubieten, um die Situation auf den Geld- und Kapitalmärkten zu lockern (Deutsche Bundesbank 2013a).

Ständige Fazilitäten[8]: Falls Geschäftsbanken ihren Liquiditätsbedarf durch die Hauptrefinanzierungsgeschäfte nicht ausreichend- oder überdecken, werden von der EZB weitere Möglichkeiten zur Liquiditätsverwaltung angeboten (Spahn 2009, S.98f):

- Spitzenrefinanzierungsfazilität: Eine Geschäftsbank, die ihren Liquiditätsbedarf nicht über Hauptrefinanzierungsgeschäfte decken konnte, kann bei der Zentralbank Spitzenrefinanzierungsfazilitäten in Anspruch nehmen. Spitzenrefinanzierungsfazilitäten sind in ihrer Höhe nicht begrenzt und sprichwörtlich auch „über Nacht" verfügbar, der von der EZB geforderte Zins liegt allerdings i.d.R. um einen Prozentpunkt über dem Hauptrefinanzierungszinssatz.
- Einlagenfazilität: Eine Geschäftsbank kann überschüssige Liquidität zu einem entsprechend unter dem Hauptrefinanzierungszinssatz liegenden Zinssatz jederzeit bei der EZB anlegen und wieder darüber verfügen.

Mindestreserve: Jedes europäische Kreditinstitut muss bei der EZB eine Mindestreserve halten. Die Höhe dieser Mindestreserve wird durch Multiplikation der Mindestreservebasis mit dem Mindestreservesatz von 1% (ehemals 2%)[9] ermittelt. Damit sich die Mindestreservehaltung nicht negativ auf die Wettbewerbsfähigkeit der europäischen Geschäftsbanken auswirkt, wird sie bei der EZB verzinst. Die Verzinsung orientiert sich dabei an dem durchschnittlichen Zinssatz der kürzlich abgeschlossenen Hauptrefinanzierungsgeschäfte der Geschäftsbank.

---

[8] Die Ständigen Fazilitäten bilden die Grenzen für den Tagesgeldsatz, vgl. hierzu neben Spahn (2009, S.98f) auch Baßeler/Heinrich/Utecht (2010, S. 562) und Görgens/Ruckriegel/Seitz (2008, S.274f).
[9] Dies war eine Reaktion der EZB auf die schwierigen Verhältnisse auf dem Geldmarkt, ein kurzes Statement der EZB ist im Amtsblatt der Europäischen Union vom 21.12.2011 veröffentlicht zur Verordnung Nr. 1358/2011

Die Mindestreserve ist ein wichtiges Instrument der Zentralbank, da sie die Liquidität der Geschäftsbanken verknappt und somit eine Zwangsnachfrage der Geschäftsbanken an Zentralbankgeld bewirkt (Görgens/Rückriegel/Seitz 2008, S.211ff).

Da Banken nicht nur mit der Zentralbank und ihren Kunden handeln, sondern auch untereinander Geschäfte betreiben, ist eine nähere Betrachtung des sog. *Interbankenmarkts* notwendig. Auf dem Interbankenmarkt werden neben dem Handel von Devisen, Wertpapieren und Derivaten auch Ausleihungen von Notenbankgeld mit unterschiedlichen Laufzeiten getätigt (Deutsche Bundesbank 2013b)[10]. Der Interbankenmarkt bietet Geschäftsbanken weitere Möglichkeiten, ihren Bedarf an Liquidität zu decken und überschüssige Liquidität zu handeln: „Institute, die am Ende eines Tages überschüssige Mittel haben, leihen sie gegen einen Zins jenen Konkurrenten, die gerade zusätzliche Liquidität benötigen. Da sich Kreditgeber und -nehmer abwechseln, werden am Interbankenmarkt auch große Summen zu relativ tiefen Sätzen – solchen, die nicht stark von den Kosten abweichen, die die Banken für die Ausleihungen bei der Zentralbank haben – ausgeliehen" (Aebersold Szalay 2011)[11]. Dem Interbankenhandel wird im Laufe dieser Arbeit eine besondere Bedeutung zukommen, da er einen guten Indikator für die Finanzmarktstabilität darstellt[12].

3.2 Die Rolle der Geschäftsbank in der Volkswirtschaft

Im folgenden Abschnitt werden die Funktionen der Geschäftsbanken in der Volkswirtschaft untersucht, welche sie zu potentiell systemrelevanten Instituten machen. Die zentrale Funktion der Geschäftsbank in der Volkswirtschaft besteht zunächst in „der Gewährleistung eines reibungslosen Geld- und Kapitalverkehrs, der Bereitstellung von Finanzierungsmöglichkeiten für private Haushalte, Unternehmen und öffentliche Haushalte sowie in der Bereitstellung verschiedener Geldanlagemöglichkeiten" (Radtke 2010, S.4). Die klassische Geschäftsgrundlage der Geschäftsbank ist somit die Vergabe von Krediten und Annahme von Einlagen. Die Bank tritt in der Volkswirtschaft weiterhin als Finanzintermediär auf: Sie vermittelt gewünschte Einlagen und benötigte Kredite und bringt diese auf einen gemeinsamen Nenner, indem sie folgende Funktionen erfüllt (Hartmann-Wendels/Pfingsten/Weber 2010, S.5-10)[13]:

---

[11] Vgl. Spahn(2009, S.98f), Baßeler/Heinrich/Utecht (2010, S. 562) und Görgens/Ruckriegel/Seitz (2008, S.274f).
[12] Vgl. Abschnitt 3.1, Abschnitt 3.4b) und Abschnitt 4.3.3
[13] Vgl. Zürcher (2010, S.12f) und Bofinger (2011, S.177f)

- Losgrößentransformation: Eine Geschäftsbank kann durch Bündelung und Aufspaltung von Einlagen den Bedarf an Krediten spezifischer Volumina optimal decken. Somit können „kleine Passiva" oder „kleine Aktiva" zum gewünschten Aktivum bzw. Passivum transformiert werden.
- Fristentransformation: Geschäftsbanken können Fristunterschiede zwischen Anlage- und Finanzierungswünschen ausgleichen, da sie, vorausgesetzt sie beachten die „goldene Bankregel[14]", zu jedem Zeitpunkt fällige Einlagen mit fälligen Krediten bedienen können.
- Risikotransformation: Das Risikoprofil einer Einlage lässt sich durch das Erstellen eines Portfolios konfigurieren. Durch die Mischung von Anlagemöglichkeit mit unterschiedlichem Ausfallsrisiko entsteht somit eine Anlage mit gewünschtem Verlust- und Gewinnpotential.

Es ist durchaus denkbar, dass private Haushalte oder Unternehmen ihre Anlagemöglichkeiten oder Kreditgeber ohne Finanzintermediäre sondieren[15], entscheidend ist allerdings, dass Geschäftsbanken als Finanzintermediäre diese Aufgabe wesentlich effizienter und unter Minimierung der Informations- und Transaktionskosten erfüllen. Baßeler/Heinrich/Utecht (2010, S.494f) fassen dies zusammen: „Für die Vertragspartner sind Modalitäten und Qualitäten eines Kreditvertrags kaum transparent, dies begründet hohe Such- und Informationskosten. [...] Schließlich ist die Kreditvergabe eine recht aufwendige Transaktion, weil zur Kreditvergabe komplexe Verträge geschlossen werden müssen. [...] Dies sind Konstellationen, die zur Bildung von Institutionen (Banken) herausfordern."

In einem nächsten Schritt wird nun die Finanzierungsfunktion und somit der Prozess der Kreditvergabe einer Geschäftsbank betrachtet. Die Existenz eines Kreditmarktes[16] erlaubt realwirtschaftlichen Unternehmen, bessere Investitionsentscheidungen zu treffen, da viele Investitionen nur mit Fremdkapital getätigt werden können (Issing 2011a, S.155f).

Diese Unterstützung der realwirtschaftlichen Investitionstätigkeit ist ein wichtiger Aspekt, da konsequent richtige Investitionsentscheidungen zur Erhöhung des Erfolgs der Unternehmen und somit auch zur Erhöhung des Einkommens der privaten Haushalte und der

---

[14] Vgl. hierzu bpb (2013b): Die von der Bank gewährten Kredite müssen nach Umfang und Fälligkeit der, der Bank zur Verfügung gestellten Einlagen entsprechen.
[15] Die Kreditvergabe von Verbraucher zu Verbraucher ohne Finanzintermediär wird allerdings momentan durch die Möglichkeiten des Internets und Portalen wie www.auxmoney.com verstärkt
[16] Zur Abgrenzung der Begriffe Geldmarkt, Kapital und Kreditmarkt vgl. Spahn (2009, S.37)

Steuereinnahmen in einer Volkswirtschaft führen (bpb 2013c)[17]. Das Wohlergehen einer Volkswirtschaft ist also letztendlich auch abhängig von einem funktionierenden Kreditmarkt, auf dem Risiken richtig beurteilt werden und die richtigen Investitionen dementsprechend gefördert werden[18]. Wie sich die Geschäftsbanken als Kreditanbieter auf dem Kreditmarkt verhalten, wird im nächsten Gliederungspunkt erörtert[19].

3.3 Kalkül der Geschäftsbanken und neue Geschäftsmodelle

Banken als Kreditinstitute sind trotz ihrer bedeutenden Rolle für die Volkswirtschaft in erster Linie „Unternehmen, die Bankgeschäfte gewerbsmäßig [...] betreiben" (§1KWG).

Gemäß der Theorie der rationalen Entscheidungsfindung und allgemein anerkannten mikroökonomischen Grundsätzen folgen Unternehmen dem Prinzip der Gewinnmaximierung. Eine Geschäftsbank wird demnach ihre Rolle in der Volkswirtschaft so interpretieren, dass ihr eigener Gewinn maximiert wird. Zwar sieht die Theorie vor, dass Nutzenmaximierung auf Angebots- und Nachfrageseite letztendlich zu einer optimalen, gleichgewichtigen Allokation führt, dieses Gleichgewicht kann allerdings leicht durch Asymmetrien und Wettbewerbsverzerrungen gestört werden[20].

Weiterhin sind vor allem systemrelevante Banken innerhalb dieser Theorie ein Störfaktor: „Einzelne Finanzinstitute können im Zuge der eigenen Gewinnmaximierung rationale Ziele festlegen, die jedoch aus der Sicht des Gesamtsystems nicht optimal sind, da sie solche Externalitäten nicht berücksichtigen" (Baseler Ausschuss für Bankenaufsicht 2011, Ziffer 3).

Banken erzielen ihren Gewinn durch die Ausnutzung der Zinsspanne, d.h. dem Unterschied zwischen den Zinssätzen der vergebenen Kredite und den Zinssätzen, den die Geschäftsbanken auf ihre Kapitalquellen (EZB, Interbankenmarkt, Sichteinlagen etc.) entrichten müssen (Baßeler/Heinrich/Utecht 2010, S.511). Folglich werden Geschäftsbanken versuchen, diesen Unterschied zu maximieren, indem sie ihre Refinanzierungskosten bei der Zentralbank und im Interbankenhandel minimieren und anderseits bei der Kreditvergabe möglichst hohe Zinseinnahmen erzielen. Das Zinsniveau am Kreditmarkt ergibt sich allerdings als Gleichgewicht aus Kreditangebot und Kreditnachfrage (Issing 2011, S.156) und

---

[17] Betrachtet man insbesondere Investitionen als Investitionen in den technischen Fortschritt und Bildung, so lässt sich die Notwendgkeit von Investitionen für eine Volkswirtschaft leicht am *Solow-Modell* erklären, vgl. Solow (1956)
[18] Die Situation eines nicht funktionierendem Kreditmarkts wird in Kapitel 4 noch erörtert
[19] Grundsätzliches zur Kreditmarkttheorie bei Issing (2010, S.156f) oder Mankiw/Taylor (2012, S. 691ff)
[20] Vgl. Abschnitt 3.4

ist folglich keine von den Geschäftsbanken beliebig steuerbare Größe. Trotz dieser Eigenschaft lassen sich über die Höhe eines Zinses einige Aussagen treffen, wonach der Zinssatz durch folgende Überlegungen bestimmt wird: (Spahn 2009, S.55ff)[21]:

- Risikoprämie: Der Zinssatz eines Kredits ist abhängig von der Fähigkeit des Schuldners, seinen Kredit zurückzuzahlen. Kreditnehmer mit einer guten Bonität müssen hierbei eine geringere Risikoprämie entrichten, als Schuldner mit vergleichsweise schlechter Bonität.
- Erwartungen: Mehrere kurzfristige, sukzessive Geldanlagen haben den gleichen erwarteten Ertrag wie eine langfristige, einmalige Geldanlage. Dieser Sachverhalt lässt sich leicht an der empirisch belegten Zinsstrukturkurve[22] darstellen.
- Liquiditätsprämien: Basiert auf der Keynesschen Liquiditätsannahme. Jede Anlage von Geld und somit die Aufgabe von Liquidität muss mit einem Anreiz verbunden sein. Demnach ist eine längerfristige Aufgabe von Liquidität mit einem höheren Anreiz und letztendlich mit einem höheren Zinssatz verbunden. Auch diese Annahme führt zu der typischen Zinsstruktur.
- Marktsegmentation: Es ist ebenfalls denkbar, dass Finanzaktiva unterschiedlicher Laufzeit auf voneinander abgeschotteten Märkten gehandelt werden, da sie praktisch nicht substituierbar sind. Somit wären Aussagen über eine etwaige Zinsstruktur schwierig und die Ergebnisse der Erwartungs- und Liquiditätsprämientheorie nicht mehr gültig. Aufgrund der zunehmenden Flexibilisierung der Finanzmärkte nahm die Relevanz der Marktsegmentationstheorie in den letzten Jahren jedoch stetig ab[23].

Weiterhin steht eine Geschäftsbank wegen ihren Gewinnabsichten in einem Konflikt zwischen Rentabilität und Liquidität (Issing 2011a, S.73f):

Möchte eine Bank einen höheren Zinsgewinn realisieren, so muss sie Papiere handeln, die entweder einen niedrigeren Liquiditätsgrad oder eine höhere Ausfallwahrscheinlichkeit haben[24]. Dabei darf die Geschäftsbank nie den Eindruck erwecken, dass sie die praktisch jederzeit fälligen Einlagen ihrer Kunden nicht bedienen kann, da es sonst zu einem sog. *Bank Run* kommen könnte[25].

---

[21] Siehe auch Issing (2011, S.121ff) und Jarchow (2003, S.143ff)
[22] Vgl. Issing (2011, S.127)
[23] Das am 17.05.2013 in Deutschland beschlossene „Trennbankengesetz" könnte die Relevanz der Theorie jedoch wieder stärken, vgl. Abschnitt 4.5
[24] Vgl. Liquiditätsprämie und Risikoprämie in Abschnitt
[25] Vgl. Abschnitt 4.1

Die Entwicklungen der letzten Jahre haben gezeigt, dass sich Geschäftsbanken nicht mehr ausschließlich auf die Vergabe von Krediten an Wirtschaft und Haushalte konzentrieren, da diese aus zu stark reguliert und nicht profitabel genug ist: „A core function of banks is to actively search for and evaluate lending opportunities and advanceloans to credit-worthy enterprises and households. [...] However, this share has declined substantially over time. [...] One of the main reasons [...] is the relatively high regulatory riskweights on loans relative to other types of assets, which puts them at a comparative disadvantage in the profit-seeking strategies of banks. In effect, capital regulation based on risk-weights creates incentives for banks to focus on non-lending activities" (Slovik 2012, S.6). Das Ergebnis dieser Entwicklungen sind neue Finanzprodukte und Märkte, die immer mehr von der Realwirtschaft abgekoppelt sind. Aktien und Anleihen werden zunehmend durch neue Finanzprodukte wie Zertifikate oder Derivate ergänzt (Baßeler/Heinrich/Utecht 2010, S.499ff). Charakteristisch für diese Entwicklung ist, dass nicht mehr nur in Maschinen oder Anlagen investiert wird, sondern dass mit der Aussicht auf einen kurzfristigen Bewertungsgewinn spekulative Vermögenswerte gekauft werden, wie beispielsweise während dem Aktienboom in der „New Economy" bis 2000 oder während dem Immobilienboom bis 2007 (Baßeler/Heinrich/Utecht 2010, S.493)[26]. Die Finanzbranche argumentiert an dieser Stelle, dass Finanzinnovationen wichtig für den reibungslosen Ablauf der internationalen Zahlungsströme sind: „Ebenso sind moderne Volkswirtschaften ohne moderne Finanzprodukte nicht denkbar, oder nur unter erheblichen Wohlfahrts- und Wachstumseinbußen denkbar. Ohne Absicherungsinstrumente gegen Wechselkurs- oder Rohstoffschwankungen gibt es keine globale Wirtschaft" (Ackermann 2012, S.15).

Die Rolle dieses Umdenken der Geschäftsbanken wird in Kapitel 4.3.1b) anhand *der Technik der Verbriefung* deutlich.

3.4 Gefahren und Krisen der Geschäftsbanken

Damit in einem nächsten Schritt die Systemrelevanz einer Geschäftsbank unter dem Aspekt ihrers Scheiterns erläutert werden kann, werden an dieser Stelle nun die Risiken des Bankengeschäfts erörtert, die letztendlich zum Scheitern einer Geschäftsbank führen können.

---

[26] Vgl. auch Mankiw/Taylor (2012, S.779ff)

a) Refinanzierungsrisiko

Ein grundlegendes Risiko im Bankengeschäft entsteht im Rahmen einer der Hauptaufgaben der Geschäftsbanken, der Fristentransformation. Geschäftsbanken verwenden kurzfristige[27] Einlagen ihrer Kunden, um mittel- und langfristige Kredite zu vergeben (Bofinger 2010, S.178). Somit entsteht bei Banken ein ständiges Liquiditätsproblem, „weil der Bestand an kurzfristigen, in Zentralbankgeld zu zahlenden Verpflichtungen weit größer ist als die Summe aus Kassenbeständen und liquiden Wertpapieren" (Spahn 2009, S.30). Um die eigene Zahlungsunfähigkeit zu verhindern[28], muss eine Geschäftsbank ihre Kontrakte über Geschäfte mit der Zentralbank oder am Interbankenmarkt refinanzieren[29]. Diese Refinanzierung ist für eine Geschäftsbank allerdings mit einem Risiko verbunden: „Sind nämlich die Kreditzinsen vertraglich fixiert, trägt die Bank das Risiko, dass während der Vertragslaufzeit die Refinanzierungszinsen die vertraglich vereinbarten Zinsen übersteigen und die Bank aus diesem Geschäft einen Verlust erleidet. Wird hingegen ein variabler, an einen Index gekoppelter Zinssatz vereinbart, besteht aus Sicht der Bank die Gefahr, dass viele Schuldner gleichzeitig zahlungsunfähig werden[30]" (Radtke 2010, S.7)[31]. Unerwartete Zinsschwankungen beeinflussen also die Zinsspanne[32] der Geschäftsbanken und stellen somit ein nicht unerhebliches Risiko für deren Geschäftstätigkeit dar[33].

b) Vertrauenskrisen

Vertrauen ist ein zentraler Faktor für die Stabilität der Finanzmärkte und beschreibt zunächst „die Erwartung, nicht durch das Handeln anderer benachteiligt zu werden" (Gablers Wirtschaftslexikon 2013). Im weiteren Sinne besteht also das Vertrauen auf den Finanzmärkten darin, dass geschlossene Verträge beidseitig erfüllt werden und somit niemand einen Nachteil durch seine Geschäftsbeziehungen erwarten muss. Die Konsequenzen eines gestörten Vertrauensverhältnisses für die Finanzmarktstabilität sind beachtlich und werden an dieser Stelle kurz erörtert. Dabei ist nicht nur das Vertrauen der Banken untereinander wichtig, sondern bereits das Vertrauen der Kunden einer Geschäftsbank in die Bank selbst. Dazu wird zunächst die Situation eines sog. *Bank Runs* betrachtet:

---

[27] Die Fälligkeit einer Einlage ist vom Willen des Depositärs abhängig und muss somit als äußerst kurzfristig angenommen werden, vgl. Radtke (2010, S.9)
[28] Ein aktuelles Beispiel der fehlgeschlagenen Fristentransformation ist der Fall der Hypo Real Estate, vgl. Bofinger (2011, S.179) und Abschnitt 5.2
[29] Vgl. Abschnitt 3.1
[30] Im Vorfeld der jüngeren Finanzkrise konnten viele Hypothekendarlehen aufgrund steigender variabler Zinsen nicht mehr bedient werden, vgl. Seel (2012, S.35f) und Abschnitt 4.3
[31] Unerwartete Zinsschwankungen beeinflussen die Zinsspanne, vgl. Abschnitt 3.3
[32] Vgl. Abschnitt 3.3
[33] Die Relevanz dieses Aspekts wird durch die Zinsmanipulationen des LIBOR durch einige Banken bestärkt, vgl. hierzu Siedenbiedel (2013)

Wenn viele Anleger gleichzeitig ihre Einlagen anfordern, handelt es sich um einen Bank Run[34]. Für eine Geschäftsbank kann ein Bank Run fatale Folgen haben, da sie auf die normalen Abhebegewohnheiten ihrer Kunden eingestellt ist (NZZ 2012) und deshalb nur einen Bruchteil deren Einlagen in Form von „barem" Zentralbankgeld hält (Issing 2011a, S.189). Um die Zahlungsunfähigkeit zu verhindern, muss eine Geschäftsbank im Falle eines Bank Runs ggf. einen beträchtlichen Teil ihrer Aktiva zu ungünstigen Konditionen liquidieren, was zu Verlustgeschäften und letztendlich zu einer Verschlechterung ihrer wirtschaftlichen Situation führt (Radtke 2010, S.9)[35]. Die Liquidität der Geschäftsbanken und damit zusammenhängend auch die Stabilität der Finanzmärkte werden folglich maßgeblich von dem Vertrauensverhältnis zwischen Bank und Kunde bestimmt. Dieses Vertrauen besteht für die Kunden in der uneingeschränkten Sicherheit und Verfügbarkeit ihrer Bankdepositen (Spahn 2009, S.30) und für die Banken in einer rationalen Abhebegewohnheit der Kunden, die nicht gleichzeitig ihre Einlagen einfordern.

Das Vertrauensverhältnis der Banken ist von hoher Relevanz, da ein funktionsfähiger Interbankenmarkt vom gegenseitigen Vertrauen der Banken abhängig ist: „In der Finanzkrise konnte man beobachten, was passiert, wenn Banken sich untereinander nicht mehr vertrauen. Der sogenannte Interbankenhandel kam vollständig zum Erliegen" (Beckert 2010, S.15). Eine unmittelbare Konsequenz einer Vertrauenskrise auf den Interbankenhandel ist, dass Banken untereinander nur noch kurzfristige oder gar keine Liquidität mehr in Form von Zentralbankguthaben austauschen (Steltzner 2007, S.1) und somit die Liquiditätsströme einiger Banken gestört werden[36].

Solche Vertrauenskrisen werden vor allem durch Informationsasymmetrien verstärkt, welche jedoch ein ständiges Problem wirtschaftlicher Beziehungen darstellen. Informationsasymmetrien entstehen, wenn ein Geschäftspartner besser über eine für die Geschäftsbeziehung relevante Tatsache informiert ist als der andere (Mankiw/Taylor 2012, S.574). Für den Kreditvergabeprozess und den Interbankenhandel bedeutet dies, dass ein potentieller Schuldner über seine eigene wirtschaftliche Lage und die Aussichten seiner Investitionsprojekte besser informiert ist, als der potentieller Gläubiger (Spahn 2009, S.27). Generell kennt der Käufer von Wertpapieren somit die Bonität dieser Wertpapiere schlechter, als der Verkäufer der Wertpapiere (Baßeler/Heinrich/Utecht 2010, S.495). Informationsasymmetrien beeinflussen demnach die Kreditvergabeprozess und den

---

[34] Ausführlich in: Diamond/Dybvig (1983, S.401ff)
[35] Im Falle eines Bank Runs tritt die Notenbank gegebenenfalls als „Lender of Last Resort" auf, vgl. hierzu Abschnitt 3.5a) und Spahn (2009, S.30f)
[36] Vgl. Abschnitt 3.1

Interbankenhandel wesentlich. Bei der Kreditvergabe haben Informationsasymmetrien zunächst einen Preiseffekt, da neben der bereits erläuterten Risikoprämie eine zusätzliche Prämie für die Informationsasymmetrie mit unmittelbaren Auswirkungen auf die Finanzierungskosten realwirtschaftlicher Unternehmen aufgeschlagen wird (EZB 2008a, S.94). Die zusätzliche Prämie entsteht, wenn Geschäftsbanken bei hohen Informationsasymmetrien viel Zeit und Geld in die Prüfung des Kreditnehmers investieren müssen und diese Kosten letztendlich dem Kreditnehmer anlasten (Jarchow 2003, S.233f).
Asymmetrische Informationen haben neben ihrer Auswirkung auf die Höhe der Kreditzinsen auch Auswirkungen auf das Kreditangebotsverhalten der Geschäftsbanken und sind der Grund für die adverse Selektion im Kreditvergabeprozess: „Schon bei Auswahl von Kreditkunden droht eine adverse Selektion, wenn Kreditzusagen an die artikulierte Zinszahlungsbereitschaft der Kreditnachfrager gebunden werden. Solide Kreditnehmer mit wenig profitablen, aber sicheren Projekten werden dabei tendenziell von Akteuren mit riskanten, aber potentiell ertragreichen Vorhaben verdrängt" (Spahn 2009, S.27). Diese Form von Kreditrationierung, bei der Kredite nur an Kreditnachfrager mit hoher Zinszahlungsbereitschaft vergeben werden, ist für Geschäftsbanken mit einem Risiko verbunden, da sie auf einem Trugschluss zurückzuführen ist. Der Trugschluss besteht darin, dass mit steigendem Zinssatz gleichzeitig der aus dem Kreditgeschäft resultierende Gewinn steigt, da „ab einer bestimmten Zinshöhe die Forderungsverluste den Zinsertrag überkompensieren" (Spahn 2009, S.27). Eine Erklärung für die Beobachtung, dass mit steigender Zinszahlungsbereitschaft des Kreditempfängers auch das Risiko der Kreditvergabe steigt, liefern Stiglitz und Weiss (1983, S.393): „The expected return to the bank obviously depends on the probability of repayment, so the bank would like to be able to identify borrowers who are more likely to repay. It is difficult to identify "good borrowers" […] those who are willing to pay high interest rates may, on average, be worse risks; they are willing to borrow at high interest rates because they perceive their probability of repaying the loan to be low."
Die ständigen Informationsasymmetrien sind vor allem in Krisenzeiten ein großes Problem für das Vertrauen der Kreditgeber in ihre Schuldner. Da das für die Höhe eines Kreditzins relevante Kreditrisiko auch von der allgemeinen wirtschaftlichen Situation einer Volkswirtschaft abhängig ist, neigen Banken bei Informationsasymmetrien zu einem prozyklischen Kreditangebotsverhalten[37] und somit zu einem verknappten Kreditangebot in konjunkturell schwachen Zeiten, was letztendlich auch zu gesamtwirtschaftlichen

---
[37] Vgl. BIZ (2010, S.20f)

Schwankungen führen kann (EZB 2008, S.94). Das für einen funktionierenden Interbankenhandel wichtige Vertrauensverhältnis der Geschäftsbanken kann weiterhin leicht durch Signale, wie beispielsweise der Insolvenz einer großen Geschäftsbank, gestört werden (SVR 2008, Ziffer 176f). Dabei wird das Misstrauen durch Informationsasymmetrien verstärkt, da die Liquidität einer konkurrierenden Geschäftsbank aufgrund komplexer Geschäftsmodelle und Wertpapierstrukturen in Krisenzeit nur schwer einschätzbar ist[38].

c) Eigenverschulden und operationelles Risiko

Geschäftsbanken sind privatwirtschaftliche Unternehmen und somit für die Erwirtschaftung ihres Gewinns eigenverantwortlich[39]. Da Banken sich nicht mehr ausschließlich auf die Vergabe von Krediten an Unternehmen und private Haushalte konzentrieren, sondern unter der Verwendung neuer Geschäftsmodelle und dem Handel mit komplexen Finanzinstrumenten ihren Gewinn zu steigern versuchen, ist ihr Handeln auch mit einem operationellem Risiko verbunden. Operationelle Risiken als nennenswerte Quelle für die Verluste einer Geschäftsbank (Buchelt/Unteregger 2005, S.11) wurden im Rahmen der BASEL II Umsetzung genauer untersucht und als „die Gefahr von unmittelbaren oder mittelbaren Verlusten, die infolge der Unangemessenheit oder des Versagens von internen Verfahren, Menschen und Systemen oder von externen Ereignissen eintreten" (Baseler Ausschuss für Bankenaufsicht 2003, Ziffer 4) definiert. Typische operationelle Risiken einer Geschäftsbank sind demnach mangelhafte Kreditprüfungs- und Kreditvergabeprozesse (Buchelt/Unteregger 2005, S.11), die wachsende IT-Abhängigkeit von Bankgeschäften und die höhere Komplexität der Geschäftstätigkeit[40] der Geschäftsbanken (Deutsche Bundesbank 2001, S.28). Somit liegt es auch an den Geschäftsbanken, keine handwerklichen Fehler zu machen. Ein prominentes Beispiel für Verluste aus operationellen Risiken sind die aus fehlerhaftem Risikomanagement im Rahmen der jüngeren Finanzmarktkrise entstandenen Verluste (Welter 2011) und die aus fehlerhaftem computergesteuerten Handel resultierenden Kursschwankungen an der New Yorker Börse im Jahr 2010 (Handelsblatt 2010).

3.5 Möglichkeiten des externen Eingriffs

Gerät eine Geschäftsbank in Schwierigkeiten, so liegt es oft an Dritten die Situation zu entschärfen. In diesem Abschnitt werden theoretische Möglichkeiten der Verhinderung der Zahlungsunfähigkeit von Geschäftsbanken erläutert.

---

[38] Vgl. Abschnitt 4.2 d)
[39] Vgl. Abschnitt 3.3 und 4.2 d)
[40] Vgl. Abschnitt 3.3

a) Die Zentralbank als Lender of Last Resort[41]

Im Falle einer drohenden Zahlungsunfähigkeit hat zunächst die Notenbank die Möglichkeit, die von der Zahlungsunfähigkeit bedrohten Geschäftsbanken über zusätzliche Offenmarktgeschäfte oder direkte, bilaterale Geschäfte zu unterstützen. (Vollmer/Diemer 2011, S.139). Diese Notwendigkeit ergibt sich vor allem, wenn es zu einer Vertrauenskrise im Bankensystem kommt und die Möglichkeit der Refinanzierung am Interbankenmarkt somit stark eingeschränkt ist: „Wenn es zu einer Vertrauenskrise im Bankensystem kommt [...], sind die Einleger bestrebt, ihre Guthaben abzuziehen d.h. sie möglichst schnell in Bargeld zu tauschen. Da die Banken aber ihren Kreditnehmern nicht einfach die Kredite kündigen können, sind sie nicht in der Lage, einem solchen allgemeinen „run" aus eigener Kraft standzuhalten. Deshalb gehört es zu einer der wichtigsten Aufgaben von Notenbanken, bei einer allgemeinen Vertrauenskrise in das Bankensystem als „lender of last resort" bereitzustehen" (Bofinger 2011, S.178). Dabei liegt das Hauptaugenmerk des Lender of Last Resort auf der Unterbrechung der durch den Vertrauensverlust ausgelösten Kettenreaktion und folglich auf der Verhinderung des Zusammenbruchs der Kreditmärkte, indem durch die Versorgung mit ausreichender Liquidität die Zahlungsfähigkeit des Kreditinstituts gesichert wird (Radtke 2010, S.25). Die Grundkonzeption der Zentralbank als Lender of Last Resort nach Bagehot (1873, S.52[42]) sieht weiterhin vor, dass die Rettung durch die Zentralbank für eine Geschäftsbank mit hohen Kosten verbunden sein muss und nur unter der Angabe von Sicherheiten geschehen darf[43]: „Nothing, therefore, can be more certain than that the Bank of England [...] that it must in time of panic do what all other similar banks must do; that in time of panic it must advance freely and vigorously to the public out of the reserve. [...] And for this purpose there are two rules: First, That these loans should only be made at a very high rate of interest. This will operate as a heavy fine on unreasonable timidity, and will prevent the greatest number of applications by persons who do not require it. [...] Secondly. That at this rate these advances should be made on all good banking securities, and as largely as the public ask for them for it; that the Banking reserve may be protected as far as possible."

b) Staatliche Intervention und alternative Rettungsmaßnahmen

Als Alternative zur Liquiditätsversorgung durch die Zentralbank kommen weiterhin die Verwendung privater Mittel und staatliche Interventionen unter Verwendung öffentlicher Mittel in Betracht (Radtke 2010, S.27).

---

[41] Grundlegende Werke zur Thematik bei Bagehot (1873)
[42] Eventuell abweichend von der Seitennummer im ursprünglichen Werk, da ein PDF verwendet wurde
[43] Dies ist eine Gegenmaßnahme zur Moral Hazard Problematik, vgl. Abschnitt 4.4.2 und 4.5

Die Verwendung privater Mittel zur Verhinderung der Zahlungsunfähigkeit einer Geschäftsbank kann dabei zunächst auch durch das Auftreten der Zentralbank als Vermittler erleichtert werden. Dabei besteht die Aufgabe der Zentralbank nicht in Überzeugungsarbeit, sondern in der Bereitstellung von Vermittlungskompetenz und der Erleichterung der Kommunikation zwischen den Instituten. Des Weiteren stellt die Zentralbank ihren Informationsvorsprung bereit, um asymmetrische Informationen zu verhindern und den Bereitsteller der Liquidität um die tatsächliche Solvenz des zahlungsunfähigen Instituts zu informieren (Freixas et al. 1999, S.161f)[44] Die Verwendung privater Mittel zur Verhinderung der Insolvenz einer Geschäftsbank beschränkt sich allerdings nicht auf Liquiditätshilfen im Sinne von Fremdkapital, denn auch Eigenkapitalhilfen in Form von Beteiligungen oder der Aufkauf und die Fusion von Banken sind denkbare Formen der Verwendung privater Mittel zur Verhinderung der Zahlungsunfähigkeit einer Geschäftsbank (Radtke 2010, S.28).

Die Verwendung öffentlicher Mittel zur Rettung einer Geschäftsbank und deren Rechtfertigung wird ausführlich in Kapitel 4.4.1 diskutiert.

---

[44] Vgl. Radtke (2010, S.28)

4. Systemrelevanz

4.1 Von der Funktion zur Systemrelevanz

Im letzten Abschnitt wurden das Geschäftsmodell und die Aufgaben einer Geschäftsbank in der Volkswirtschaft diskutiert. Dabei wurde ersichtlich, dass Banken innerhalb einer Volkswirtschaft wichtige Aufgaben wahrnehmen, die sie zu einem potentiell systemrelevanten Teil der Wirtschaft machen. Im folgenden Abschnitt wird nun der Schritt von der Funktion der Geschäftsbank in der Volkswirtschaft zu ihrer Systemrelevanz getan. Wie bereits in Abschnitt 2.3 aufgezeigt, existiert eine allgemeine Definition für die Systemrelevanz einer Geschäftsbank:

„Als relevant für die Stabilität des Banken- und Finanzsystems und damit als systemrelevant ist eine Bank oder die Abteilung einer Bank anzusehen, wenn angenommen werden muss, dass ihr plötzlicher Ausfall eine Krise auslösen und die Solvenz anderer Banken und Finanzinstitutionen bedrohen würde" (Donges et al. 2011)[45]. Weiterhin wird diese Definition um einen weiteren Aspekt erweitert: „Er [der Aspekt der Systemrelevanz] bezeichnet seither den Umstand, dass der Staat ein Unternehmen aufgrund seiner schieren Größe nicht untergehen lassen darf, ohne einen erheblichen volkswirtschaftlichen Schaden zu riskieren" (Zürcher 2010, S.4). An dieser Definition fällt auf, dass:

- Die Stabilität des Finanzsektors als wichtiges gesamtwirtschaftliches Stabilitätskriterium angesehen wird: „Ein stabiles Finanzsystem weist Merkmale eines öffentlichen Gutes auf. Die positiven externen Effekte für die Realwirtschaft lassen die Sorge um Finanzstabilität daher zu einer öffentlichen Aufgabe werden" (Weber 2007, S.7).
- Die Systemrelevanz einer Geschäftsbank vor allem vor dem Hintergrund ihrer Insolvenz betrachtet wird.
- Weiterhin ein besonderes Augenmerk auf den Auswirkungen des Ausfalls der Geschäftsbank auf andere Institute liegt[46]. Man geht davon aus, dass sich die von der Insolvenz einer systemrelevanten Geschäftsbank ausgehenden Signale über mehrere Mechanismen auf andere Institute übertragen können. Diese Übertragung erfolgt in erster Linie über den Interbankenhandel und wird durch Informationsasymmetrien und Erwartungsbildung auf den Finanzmärkten verstärkt (Allen/Gale 2000, S.2)[47].

Als Zwischenergebnis lässt sich festhalten, dass sich die Systemrelevanz einer Geschäftsbank zwar zunächst aus ihrer Tätigkeit innerhalb der Volkswirtschaft ergibt, aber auch aus der

---
[45] Vgl. Abschnitt 2.3
[46] Eine gute Zusammenfassung dieses Aspekts bei Radtke (2010, S.12ff)
[47] Vgl. Abschnitt 3.4 b)

Erwartungs- und Informationsempfindlichkeit der Finanzmärkte resultiert, die wegen ihren engen Verflechtungen und Interdependenzen jederzeit über Ansteckungsmechanismen gestört werden können[48].

4.2 Indikatoren

Ausgehend von der in Abschnitt 4.1 erläuterten Tatsache, dass die Systemrelevanz einer Geschäftsbank vor allem an der Auswirkung einer Insolvenz dieser Geschäftsbank auf die Finanzmarktstabilität und somit auf die gesamte Volkswirtschaft gemessen wird, soll an dieser Stelle nun aufgezeigt werden, welche Faktoren diese Auswirkung im Detail beeinflussen. Die Suche nach Indikatoren, die ex ante Aussagen über die Auswirkungen der Insolvenz einer Geschäftsbank auf die Finanzmarktstabilität treffen können, ist vor dem Hintergrund der jüngeren Finanzmarktkrise von realer wirtschaftspolitischer Relevanz: „Die Diskussion um den materiellen Gehalt des Terminus der systemischen Relevanz ist in jüngster Zeit v.a. vor dem Hintergrund des Rettungsgesetztes entbrannt, das unter besonderen Voraussetzungen Enteignungen von systemrelevanten Unternehmen des Finanzsektors gestattet. [...] Aber auch für die Vergabe von Emergency Liquidity Assistance durch die Deutsche Bundesbank ist der Begriff von Bedeutung, da sie nur für systemisch relevante Kreditinstitute bereitgestellt werden darf" (Radtke 2010, S.162f)[49]. Weiterhin hat die Systemrelevanz einer Geschäftsbank auch einen Einfluss auf ihre Regulierung durch den Baseler Ausschuss für Bankenaufsicht[50]. Somit ist es sowohl für die Wirtschaftspolitik als auch für die Share- und Stakeholder einer Geschäftsbank wichtig zu wissen, ob es sich bei der betrachteten Geschäftsbank um ein systemrelevantes Kreditinstitut handelt. Bei der Beurteilung der Systemrelevanz einer Geschäftsbank wird zwischen nationaler und globaler Systemrelevanz unterschieden, da der Schaden, der durch die Insolvenz einer Geschäftsbank entsteht, nicht in allen Volkswirtschaften gleich ist (Moshinsky/Brunsden 2012).

Unabhängig davon existiert in der Literatur eine Vielzahl an Kriterien für die Systemrelevanz einer Geschäftsbank, welche nachstehend zusammengefasst und in ihrer Methodik kurz erläutert werden. Dabei dient die Bewertungsmethodik des Baseler Ausschuss für Bankenaufsicht (2011, S.3-16) als Orientierungshilfe.

a) Die Größe des Kreditinstituts

Die Größe einer Bank ist für ihre Systemrelevanz ein grundlegender Faktor, da mit der Größe der Bank ihr Anteil am internationalen Zahlungsverkehr und Finanzmarktgeschehen und

---

[48] Vgl. Abschnitt 4.2 b)
[49] Siehe auch „Was bedeutet Systemrelevanz?" in der Kategorie *Fragen und Antworten* des Internetauftritts der FMSA
[50] Vgl. Abschnitt 4.5

somit auch das von ihr ausgehende Risiko wächst (Baseler Ausschuss für Bankenaufsicht 2011, Ziffer 27). Dabei sollte man nicht nur die Bilanzsumme der Bank isoliert erheben, sondern diese relativ zum Bruttoinlandsprodukt des Landes setzten, welche im Krisenfall die Bank retten müsste. Die relative Betrachtung der Bilanzsumme geht auf den Grundsatz „Banks live global, but they die local" (Zürcher 2010, S.34) zurück und ermöglicht die bereits erwähnte Unterscheidung zwischen globaler und nationaler Systemrelevanz.

Es bietet sich weiterhin an, das Kreditportfolio der Geschäftsbank auf Risiken zu untersuchen, da ein großes aber risikoaverses Kreditportfolio im Krisenfall die Finanzmarktstabilität weniger gefährdet als ein kleineres aber risikoreiches Kreditportfolio (Thomson 2009, S.2).

Ein Ansatz der Deutschen Bundesbank löst sich von der isolierten Beurteilung der Systemrelevanz eines Kreditinstituts anhand dessen Bilanz und betrachtet die Gesamtheit aller Kreditinstitute der Volkswirtschaft als ein Gesamtkreditportfolio. Die Systemrelevanz eines Kreditinstituts ergibt sich dann aus der Veränderung des Werts des Gesamtkreditportfolios gegeben dem Fall, dass das betrachtete Kreditinstitut aufgrund eines systemischen Ereignisses[51] eine zusätzliche Einheit Fremdverbindlichkeiten aufnehmen muss (Deutsche Bundesbank 2011, S.49f).

Die Größe eines Kreditinstituts ist letztendlich kein ausreichender Indikator für dessen Systemrelevanz: „Demnach kann eine Bank systemisch sein, obwohl sie gemessen an ihren Fremdverbindlichkeiten eine eher nachrangige Rolle spielt" (Deutsche Bundesbank 2011, S.50)[52], sie stellt jedoch ein transparentes Maß dar, welches auch die Problematik der prozyklischen Bilanzausweitungen der Geschäftsbanken erfasst und Ausgangspunkt für die Too-big-to-fail Problematik[53] ist (SVR 2009, Ziffer 206).

b) Die Verflechtung des Kreditinstituts

Die Verflechtung des Kreditinstituts, bspw. via dessen Engagement am Interbankenmarkt spielt bei der Beurteilung der Systemrelevanz eine zentrale Rolle, da eine stark mit anderen Instituten verflochtene Geschäftsbank im Krisenfall das Risiko leicht auf andere Banken übertragen kann: „Angesichts der engen Verzahnung der vertraglichen Verpflichtungen von Banken untereinander kann eine finanzielle Notsituation eines Instituts die Wahrscheinlichkeit von Notsituationen anderer Institute erheblich erhöhen. Die Systemrelevanz einer Bank dürfte daher positiv mit ihrer Verflechtung mit anderen Finanzinstituten korrelieren" (Basler Ausschuss für Bankenaufsicht 2011, Ziffer 29). Die Ansteckungsgefahr besteht dabei allerdings nicht nur in vertraglichen Abhängigkeiten,

---

[51] Das systemische Ereignis ist z.B. die Überschreitung einer Verlustschwelle (Deutsche Bundesbank 2011)
[52] Siehe auch Thomson (2009) und Morrison (2011)
[53] Vgl. Abschnitt 4.4

sondern wird durch die Informationssensitivität der Finanzmärkte verstärkt „For example, the failure of a large bank might undermine confidence in other large institutions with apparently similar investmentportfolios and, hence, trigger runs on those institutions" (Morrison 2011, S.500)[54]. In der Literatur wird die starke Vernetzung einer Geschäftsbank auch oft als Too-(inter)connected-to-fail Problematik referiert (SVR 2009, Ziffer 206).

Die Messung der systemischen Risiken, die aus den starken Verflechtungen der Kreditinstitute resultieren, kann z.B. mithilfe des Netzwerkmodells dargestellt werden[55]: „Die Finanzinstitute werden als Knotenpunkte und die Verbindungen zwischen ihnen als finanzielle Verflechtungen definiert. [...] Mit Hilfe des Netzwerkmodells könnten die von hypothetischen Kredit- und Marktereignissen ausgehenden Spillover-Effekte simuliert werden" (SVR 2009, Kasten 8)[56]. Die Verflechtung eines Kreditinstituts mit anderen Geschäftsbanken ist somit ein wichtiger Indikator für dessen Systemrelevanz, wobei eine Verflechtung nicht nur über bilaterale Geschäftsbeziehungen, sondern auch aufgrund der Informationssensitivität der Finanzmärkte bestehen.

c) Substituierbarkeit

Dieser Indikator definiert die Systemrelevanz einer Geschäftsbank anhand ihrer Alleinstellungsmerkmale als Dienstleister und untersucht die Auswirkungen des Ausfalls einer Geschäftsbank auf die Servicequalität und Infrastruktur innerhalb der Finanzdienstleistungsbranche (Basler Ausschuss für Bankenaufsicht 2011, Ziffer 35)[57]. Die Systemrelevanz einer Geschäftsbank steigt demnach auch mit ihrer Wichtigkeit für das bloße „Funktionieren" des Zahlungsverkehrs, wobei es irrelevant ist, ob die Geschäftsbank die Zahlungen selbst veranlasst oder lediglich für andere Kreditinstitute durchführt (Baseler Ausschuss für Bankenaufsicht 2011, Ziffer 39). Die Substituierbarkeit einer Geschäftsbank ist weiterhin negativ mit ihrer Größe korreliert: „Je grösser eine Bank, desto mehr Zahlungen kann sie direkt in ihren eigenen Systemen abwickeln. Diese Inhouse-Systeme treten in Konkurrenz zum eigentlichen Interbanken-Zahlungssystem. Wenn demnach eine große Bank untergeht, geht eben nicht nur die Bank unter, sondern auch ein Teil der Trading- und Zahlungsinfrastruktur" (Zürcher 2011, S.34). Somit kann der Untergang einer großen Geschäftsbank die Finanzmarktstabilität nicht nur über den Erwartungs- oder

---

[54] Vgl. Abschnitt 4.3.3a) und Abschnitt 5.1
[55] Diese Netzwerkmodelle werden mittlerweile von vielen Notenbanken standardmäßig eingesetzt, vgl. Deutsche Bundesbank (2011, S.42f).
[56] Vgl. Abbildung 1
[57] Vgl. hierzu auch der vom IWF am 28.10.2009 veröffentlichte Bericht *Guidance to Assess the Systemic Importance of Financial Institutions, Markets and Instruments: Initial Considerations*

Interbankenkanal gefährden, sondern diese auch durch die Beschädigung der Infrastruktur und des Zahlungsverkehrs auf den Finanzmärkten stören.

d) Komplexität

Geschäftsbanken mit komplexen Geschäftsmodellen und Strukturen stellen im Falle ihres Scheiterns für die Finanzmarktstabilität ein größeres Risiko dar, weil:

- Die Liquidierung einer komplexen Bank mit einem hohen finanziellen und zeitlichen Aufwand verbunden ist (Basler Ausschuss für Bankenaufsicht 2011, Ziffer 43).
- Konkurrierende Geschäftsbanken sich nicht sicher sein können, wie schwer ihre eigenen Geschäftsbeziehungen durch den Ausfall des komplexen Kreditinstituts betroffen sind (SVR 2009, Ziffer 206)[58].

Das Maß der Komplexität einer Geschäftsbank kann hierbei quantitativ über den Wert ihrer außerbörslichen Derivate, die nicht über eine zentrale Gegenpartei[59] abgerechnet worden sind, bestimmt werden (Basler Ausschuss für Bankenaufsicht 2011, Ziffer 43).

Die Systemrelevanz einer Geschäftsbank lässt sich also anhand einiger Indikatoren sowohl qualitativ als auch quantitativ beschreiben, wobei ein gewisses Maß an Willkür in der Beurteilung der Systemrelevanz einer Geschäftsbank nicht zu vermeiden ist: „Wenn es aber im konkreten Einzelfall um die Frage geht, ob eine Bank, die sich in Schwierigkeiten befindet, als systemrelevant anzusehen ist und ihr daher staatlich geholfen werden sollte oder nicht, wird ein gewisses Maß an Willkür nicht zu vermeiden sein. Der deutsche Gesetzgeber überträgt [...] diese Beurteilung der Bundesanstalt für Finanzdienstleistungsaufsicht (BaFin), und zwar nach Anhörung der Deutschen Bundesbank [...]. Diese etwas unklare Regelung könnte im Einzelfall zu Konflikten zwischen den Institutionen führen. Das bedeutet auch, dass man im Rahmen des deutschen Finanzsystems einer bestandsgefährdeten Bank im Zweifel eher das Siegel der Systemrelevanz für das hiesige Finanzsystem zubilligen wird, als es ihr zu verweigern. Das wird insbesondere dann der Fall sein, wenn ohnehin der Eindruck einer allgemein drohenden Finanzkrise besteht" (Donges et al. 2011, S.25f).

Weiterhin ist die Systemrelevanz einer Geschäftsbank vor dem Hintergrund der Finanzmarktstabilität auch eine endogene Variable, da sie auch von der Robustheit des Finanzmarkts und den Maßnahmen der Politik in Krisenzeiten abhängig ist: „The systemic impact of a malfunction of one component may depend critically on the functioning of other elements, such as the robustness of markets and market infrastructure, and the institutional framework for crisis management and handling of failures when they occur. For example,

---

[58] Vgl. FAZ (2007)
[59] Vgl. Deutsche Börse (2013)

robust crisis resolution frameworks and clearing and settlement systems can mitigate the potential externalities on the rest of the financial system due to failures in institutions and markets" (BIS/FSB/IMF 2009, S.7).

Somit ist es denkbar, dass die Systemrelevanz einer Geschäftsbank in ihrer Bedeutung für die Volkswirtschaft durch korrekte Maßnahmen zur Krisenprävention und bei korrekter Durchsetzung der „rules of the game" abnimmt.

4.3 Exkurs: Finanzkrise ab 2007

4.3.1 Relevanz des Themas und Ursachen der Finanzkrise

Der Begriff der Systemrelevanz (einer Bank) entwickelte sich vor allem im Rahmen der Finanzmarktkrise ab 2007 zu einem Schlagwort. Im Rahmen der Krise wurde ersichtlich, dass systemrelevante Banken bei drohender Zahlungsunfähigkeit zu jedem Zeitpunkt mit öffentlichen Mitteln unterstützt werden, was letztendlich eine kontroverse Diskussion auslöste. Da sich die Krise gut zu Veranschaulichung bereits erörterter Sachverhalte, wie Indikatoren für Systemrelevanz[60], Krisenanfälligkeit des Bankwesen[61] und Möglichkeit des externen Eingriffs[62] eignen, wird im Folgenden die Finanzkrise in ihren wesentlichen Punkten erörtert.

Die Finanzkrise wurde durch das Zusammenspiel mehrerer mikro- und makroökonomischer Entwicklungen begünstigt und ist somit das Ergebnis eines komplexen Zusammenhangs (Götz 2011, S.43). Dennoch können die folgenden Entwicklungen als maßgeblich für den Ausbruch der Finanzkrise im August 2007[63] angesehen werden:

a) Niedrigzinsen und Immobilienmarkt

Den Ausgangspunkt für die Finanzkrise liefert der US-amerikanische Kredit- und Immobilienmarkt. Nach dem Platzen der Internetblase[64] und den Ereignissen am 11. September 2001 senkte die US-Notenbank den Leitzins (federal funds) innerhalb weniger Monate ab, um zu starke Auswirkungen auf die Realwirtschaft zu verhindern (Malik 2012, S.19f). Da die amerikanische Notenbank ihren Leitzins trotz guter Wirtschaftlage auch in den Jahren 2003 und 2004 auf einem historischen Tiefstand von 1% beließ, erhöhte sich allgemein die Attraktivität der Fremdverschuldung. Diese erhöhte Attraktivität der Verschuldung stand weiterhin in einem gefährlichen Wirkungszusammenhang mit der Situation auf dem

---

[60] Vgl. Abschnitt 4.2
[61] Vgl. Abschnitt 3.4
[62] Vgl. Abschnitt 3.5
[63] Dies ist lediglich der Zeitpunkt, an dem die Finanzkrise in ihrem gesamten Ausmaß der Öffentlichkeit bewusst wurde (Malik 2012, S.19)
[64] Vgl. Galbraith/Hale (2004)

amerikanischen Immobilienmarkt. Der kontinuierliche Anstieg der Immobilienpreise[65] in Verbindung mit den niedrigen Zinsen machten einen fremdfinanzierten Hausbau für private Bürger immer attraktiver, da folglich die erwartete Wertsteigerung des Hauses die Kosten für die Fremdverschuldung (die Zinsen) lange Zeit deckte. Der kreditfinanzierte Hausbau war jedoch in vielen Hinsichten problematisch, da er mit einem riskanten Kreditvergabeverhalten der Banken einherging. Begünstigt durch die Deregulierung der Finanzmärkte in den 1980er- und 1990er Jahren (Mankiw/Taylor 2012, S.999) und den amerikanischen Initiativen zur Abschaffung diskriminierender Vergabepraktiken aus den 1970er Jahren, wie dem Fair Housing Act, dem Equal Credit Opportunity Act und dem Community Reinvestment Act (Seel 2012, S.33), wurden Kredite zum Hausbau auch an eher bonitätsschwache Kreditnachfrager vergeben, mit dem Vertrauen dass sich die Kredite aufgrund der steigenden Häuserpreise trotz schwacher Bonität der NINJAs[66] selbst finanzieren (Illing 2013, S.15). Diese Hypothekenkredite für bonitätsschwache Haushalte bezeichnet man als Subprime-Kredite (Bofinger 2011, S.187). Neben den günstigen makroökomischen Rahmenbedingungen für die Kreditvergabe hatte die im Bankensystem übliche Bonuskultur auch einen signifikanten Einfluss auf die dargelegte Entwicklung: Die an das Volumen und die Rendite der abgeschlossenen Geschäfte gekoppelte Provisionen sind fester Bestandteil der Vergütungen im Bankwesen (Malik 2012, S.20) und bilden somit auch einen Anreiz für die Vergabe von riskanten, aber hochverzinslichen Kredite an bonitätsschwache Haushalte (Mankiw/Taylor 2012, S.1004).

Das Ergebnis der dargestellten Zusammenhänge war ein starker Anstieg der Hypothekenkreditvergabe im Subprime Segment[67].

b) Verbriefung

Da sich die Emittenten von Subprime-Krediten dem Risiko des Kreditausfalls durchaus bewusst waren, wurden die Kreditansprüche am Finanzmarkt verkauft: „Die Lösung, die sie fanden, bestand in der Verbriefung der Kreditansprüche. Statt die Kreditansprüche gegen die Häuslebauer selbst zu halten und geduldig auf die unsichere Rückzahlung zu warten, teilten die Banken ihre Schuldner in verschiedene Bonitätskategorien ein und verkauften die Kreditansprüche an andere Banken oder Finanzinvestoren am Kapitalmarkt" (Sinn 2012, S.162). Verbrieft wurden die Subprime-Kredite um deren Handelbarkeit als Finanzaktivum zu ermöglichen und somit auch um ausländische Investoren als Kapitalquelle erschließen zu

---

[65] Vgl. Abbildung 2
[66] **No I**ncome **No J**ob and no **Assets** als Bezeichnung für bonitätsschwache Kreditnehmer
[67] Vgl. Abbildung 3

können[68] (SVR 2007, Ziffer151f). Des Weiteren wurden komplexe Verfahren zur Risikotransformation und Relativierung der Subprime-Kredite angewandt: „In der Regel wird dabei eine größere Zahl von Krediten in einem Pool (Zweckgesellschaft) zusammengefasst. [...] Bei diesem Vorgehen kommt es in der Regel zugleich zu einer Strukturierung, indem unterschiedliche Beteiligungstitel geschaffen werden. Es werden zum einem Tranchen geschaffen, die ein sehr hohes Risiko tragen, da sie als Erste für Verluste aus dem Portfolio aufkommen müssen. Zum anderen werden Tranchen mit einem vergleichsweise geringen Risiko geschaffen, die erst dann von Verlusten erfasst werden, wenn diese höher sind als der Beteiligungswert der riskanten Tranchen. Auf diese Weise konnte aus einem Pool von „Subprime-Krediten" ein hoher Prozentsatz scheinbar sehr sicherer Tranchen geschaffen werden" (Bofinger 2011, S.188)[69]. Diese Risikotransformation ermöglichte es den Emittenten der Hypothekendarlehen ohne Eingang eines größeren Risikos Subprime-Kredite in hohem Ausmaß zu vergeben und verwässerte das tatsächliche Risiko der Subprime-Kredite, da es auf mehrere Gläubiger verteilt wurde (Sinn 2012, S.166).

4.3.2 Ausbruch der Krise

Die günstigen Kreditkonditionen und der stetige Anstieg der Immobilienpreise waren maßgeblich für den Erfolg der Subprime-Kredite, da unter diesen Bedingungen selbst im Fall der Zahlungsunfähigkeit des Kreditnehmers der Verwertungserlös der Immobilie ausreicht, um die restlichen Ansprüche des Gläubigers zu begleichen (Illing 2013, S.36). Da viele Hypothekenkredite mit variablem Zinssatz vergeben wurden (SVR 2008, Ziffer 180), war die Zahlungsfähigkeit der Kreditnehmer vor allem vom Zinsniveau abhängig[70]. Als die Zentralbanken unter herrschendem Inflationsdruck damit begonnen, den Zinssatz wieder zu heben, hatte dies erhebliche Auswirkungen auf die Zahlungsfähigkeit der Kreditnehmer, deren Raten mit steigendem Zinsniveau[71] ebenfalls stiegen (Mankiw/Taylor 2012, S.1007)[72]. Die Konsequenz war ein Überangebot am Immobilienmarkt und damit einhergehend ein starker Rückgang der Immobilienpreise[73]. Diese Entwicklungen führten zu einem enormen Wertverfall der Hypothekenkredite, da diese wegen den gestiegenen Hypothekenzinsen und den sinkenden Immobilienpreisen weder über die vereinbarten Ratenzahlungen noch über

---

[68] Vgl. Issing (2012, S.46ff) und Bofinger (2011, S.188)
[69] Eine ausführlichere Darstellung der Technik der Verbriefung findet man im Jahresbericht des Sachverständigenrats (2007, Ziffer 154ff).
[70] Vgl. Abschnitt 3.4a)
[71] Die Zinszahlungen der Hypothekenkredite wurden vor allem an den LIBOR Referenzzinssatz gekoppelt, der zwar zunächst einen Referenzzinssatz für den Interbankenhandel bildet (Mankiw/Taylor 2012, S.1006f) aber über den Zinskanal auch indirekt von der Zentralbank beeinflusst wird, vgl. Abschnitt 3.1).
[72] Vgl. auch Issing (2012, S.23)
[73] Vgl. Abbildung 2

einen Verkauf der Immobilie getilgt werden konnten. (Götz 2011, S.44). Letztendlich kam es aufgrund dieser Entwicklungen zum Ausbruch der Finanzkrise: „Mit dem Auslaufen des Immobilienbooms und dem sich anschließenden Preisverfall wurden den Investoren die unsoliden Finanzierungskonstruktionen schlagartig bewusst. Für die strukturierten Produkte fanden sich keine Abnehmer mehr, und ihre Preise verfielen. Nach wie vor sitzen viele Banken auf einem großen Volumen solcher mittlerweile als „toxisch" bezeichneten Aktiva" (Bofinger 2011, S.189).

4.3.3 Vertrauenskrise und Rettungsmaßnahmen

a) Vertrauenskrise

Das Ergebnis des Wertverfalls der Hypothekenkredite waren weltweit[74] enorme Abschreibungen der Kreditinstitute, von denen auch deutsche Geschäftsbanken betroffen waren[75]. Ihren Höhenpunkt erreicht die Finanzkrise, als es nach der Insolvenz der US-amerikanischen Investment Bank Lehman Brothers[76] zu einer globalen Vertrauenskrise kam: „Der Untergang der Bank Lehman Brothers führte zum völligen Versiegen des Geldflusses am Interbankenmarkt und löste eine Kettenreaktion aus, die zur Bankenkrise führte. Jede Bank musste den potenziellen Konkurs der anderen Finanzinstitute befürchten, weshalb sich die Banken untereinander kaum oder kein Geld mehr liehen" (Illing 2013, S.30)[77]. Diese Entwicklungen lassen sich an den am Interbankenmarkt veranschlagten Risikoprämien[78] und der Nutzung der Einlagenfazilität bei der Zentralbank[79] veranschaulichen. Da die Liquidität vieler Geschäftsbanken aber von der Refinanzierung am Interbankenmarkt abhängig ist[80], wurden durch die Vertrauenskrise viele Banken in ihrer Existenz bedroht.

Die zahlreichen Auswirkungen der Finanzkrise werden an dieser Stelle nicht erörtert. Fakt ist jedoch, dass die schlechte Verfassung der Finanzmärkte unmittelbare realwirtschaftliche Konsequenzen[81] hatte und man somit für das Jahr 2009 einen Rückgang der Weltwirtschaftsleistung um 0,9% feststellen konnte. Damit befand sich die Weltwirtschaft zum ersten Mal in der Nachkriegszeit in einer echten Rezession (Sinn 2012, S.19).

---

[74] Um den enormen Bedarf an Kapital für die Finanzierung der Hypothekenkredite zu decken, wurden die Forderungen verbrieft und international verkauft. Somit wurde das benötigte Kapital importiert, vgl. Sinn (2012, S.45f) und das Risiko internationalisiert.
[75] Vgl. hierzu Sinn (2012, S.78ff)
[76] Vgl. Abschnitt 5.1
[77] Vgl. auch Seel (2012, S.17), Bofinger (2011, S.189) und Sinn (2012, S.88f)
[78] Vgl. Abbildung 4
[79] Vgl. Abbildung 5
[80] Vgl. Abschnitt 3.1
[81] Vgl BIS (2009, S.77ff) und Sinn (2012, S.19ff)

b) Rettungsmaßnahmen

Grundsätzlich besteht in der Literatur nur wenig Zweifel an der Tatsache, dass es ohne staatliche Gegenmaßnahmen nach der Insolvenz von Lehman Brothers und der dadurch ausgelösten Vertrauenskrise im Finanzsystem zu einem globalen Zusammenbruch der Finanzmärkte gekommen wäre (Bofinger 2011, S.189). Neben den Staaten traten in der Finanzkrise ab 2007 auch die Notenbanken in ihrer Rolle als Lender of Last Resort auf:

- Die amerikanische Notenbank (Federal Reserve, Fed) reagierte zunächst mit einer Senkung des Leitzins auf 1% und schuf zum anderen ab Dezember 2007 mehrere geldpolitische Instrumente, die den Geschäftsbanken einen besseren Zugang zur Liquidität der Fed ermöglichten. Des Weiteren tauschte die Fed auch liquide Staatstitel gegen die temporär illiquiden Titel der Geschäftsbanken (SVR 2008, Ziffer 194). Ende 2008 senkte die Fed den Leitzins auf ein „Target" von 0 bis 0,25%, welches bis zum Zeitpunkt dieser Arbeit aktuell ist (Fed 2013). Als Ergebnis stieg die Zentralbankgeldmenge in den Vereinigten Staaten im Jahr 2008 um 97% (Sinn 2012, S.282).

- Auch die Europäische Zentralbank (EZB) ermöglichte den Geschäftsbanken einen besseren Zugang zu Liquidität, indem via Schnelltender kurzfristige Liquidität bereitgestellt wurde (SVR 2008, Ziffer 200). Die Leitzinsen wurden 2008 in mehreren Schritten von 4,25% auf 2,5% gesenkt (EZB 2008b, S.112) und 2009 auf ein Niveau von 1% gesetzt (EZB 2009, S.106). Eine besondere Bedeutung kamen auch den im Oktober 2011 eingeführten langfristigen Refinanzierungsgeschäften zu, da sie den Geschäftsbanken Zugang zu langfristiger Liquidität zu günstigen Konditionen ermöglichten[82].

Da den Zentralbanken bei der Unterstützung gefährdeter Banken deutliche Grenzen gesetzt sind (Radtke 2010, S.32), lag es nun an den einzelnen Staaten, Stabilisierungsmaßnahmen zu ergreifen und damit die Verschärfung der Finanzmarktkrise zu verhindern (Lösel 2009, S.261f).

Die Intervention des deutschen Staats begann im Juli 2007, als die deutsche Industriekreditbank (IKB) von der staatseigenen KfW aufgefangen werden musste (Mankiw/Tayklor 2012, S.1016) und zusätzlich 1,2 Mrd. Euro vom deutschen Staat erhielt (Bohsem 2010). Neben der IKB standen 2007 auch weitere deutsche Geschäftsbanken vor

---

[82] Vgl. Abschnitt 3.1

einer Zahlungsunfähigkeit, sodass es zu zahlreichen Übernahmen und Bürgschaften innerhalb des Bankensektors kam (Illing 2013, S.26ff)[83].

Da es nach der Insolvenz von Lehman Brothers erneut zu erheblichen Spannungen an den Finanzmärkten kam, sah sich der deutsche Staat am 17. Oktober 2008 dazu gezwungen, in einem Eilverfahren das Finanzmarktstabilisierungsgesetz (FMStG) zu beschließen (Götz 2011, S.49)[84] Dabei wurden im Wesentlichen folgende Maßnahmen zur Stabilisierung der Finanzmärkte angewandt[85]:

- Garantien: Der Staat garantiert die Erfüllung von Schuldtiteln und Verbindlichkeiten der Geschäftsbanken zur Wiederherstellung des gegenseitigen Vertrauens der Banken (§6 FMStG).

- Rekapitalisierung Der Staat hat die Möglichkeit, Banken durch den Erwerb von Anteilen oder die Leistung von Einlagen zu rekapitalisieren (§7 FMStG).

- Risikoübernahme: Der Staat übernimmt riskante Positionen der Geschäftsbanken, wie Wertpapiere, derivative Finanzinstrumente u.a. (§8 FMStG).

Weiterhin wurde im Rahmen des FMStG der *Sonderfonds Finanzmarktstabilisierung* (SoFFin) als Stabilisierungsinstrument geschaffen, für dessen Verbindlichkeiten der Bund und somit letztendlich auch der Steuerzahler haftet (Lösel 2009, S.268)[86]. Eine Sofortmaßnahme bestand in der Rettung der Hypo Real Estate (HRE)[87]. Das FMStG wurde fortan mehrmals ergänzt, bspw. wurde dem Bund durch das Finanzmarktstabilisierungsergänzungsgesetz die Übernahme von Banken zum Zwecke der Stabilisierung erleichtert (Illing 2013, S.40). Eine populäre Maßnahme im Rahmen des FMStG war die Etablierung von *Bad Banks* als Abwicklungseinheit für risikobehaftete Kredite der Geschäftsbanken. Dabei mussten die in Bad Banks ausgelagerten Wertpapiere nicht in den Bilanzen der übertragenden Banken verzeichnet bleiben, was die Risiko- und Eigenkapitalsituation vieler Geschäftsbanken entlasten sollte (FMSA 2013b).

---

[83] Vgl. auch Sinn (2012, S.84ff)
[84] Einen guten Überblick über die Maßnahmen des Bundes findet man bei Götz (2011, S.49ff), Illing (2013, S.31ff) und Lösel (2009, S.267ff).
[85] Die Leistungen des SoFFin können auf der Website der Finanzmarktstabilisierungsanstalt (FMSA) abgerufen werden und sind u.a. bei Lösel (2009, S.268) zusammengefasst.
[86] Stand Dezember 2012 hat der SoFFin 23 Milliarden Euro Verlust angehäuft (welt.de 2012)
[87] Vgl. Abschnitt 5.2

4.4 Systemrelevanz als Problem

4.4.1 Die Rechtfertigung von Staatshilfen

Wie bereits in Abschnitt 4.3.3 anhand der Finanzkrise ab 2007 erläutert wurde, werden systemrelevante Geschäftsbanken im Krisenfall häufig durch den Einsatz öffentlicher Mittel und somit unter Verwendung von Steuergeldern unterstützt. In diesem Abschnitt wird die Problematik der Verwendung solcher Mittel veranschaulicht und erörtert, unter welchen Bedingungen und mit welcher Rechtfertigung eine Geschäftsbank als privates, gewinnorientiertes Unternehmen mit öffentlichen Mitteln unterstützt werden darf.

Im Fall der jüngeren Finanzmarktkrise ist die gängige Meinung, dass die von der Finanzkrise betroffenen Volkswirtschaften ohne Alternative zur Unterstützung der für die Volkswirtschaft relevanten Kreditinstitute waren: „Sind Finanzinstitute erst einmal so groß bzw. so vernetzt, dass ihre Insolvenz das ganze System in den Abgrund reißen würde, dann bleibt der Politik gar keine Wahl, als zu intervenieren und den Kollaps zu verhindern" (Issing 2011b, S.16). Dabei liegt die Rechtfertigung der Verwendung von öffentlichen Mitteln in der Minimierung des durch die Insolvenz von systemrelevanten Kreditinstituten verursachten gesamtwirtschaftlichen Schadens (BIS 2009, S.122). Die erste Bedingung für die Unterstützung einer Geschäftsbank durch öffentliche Mittel ist also, dass die Insolvenz einer Geschäftsbank einen größeren (monetären) Schaden anrichtet, als die durch die Verwendung öffentlicher Mittel entstehende Belastung des Staatshaushalts. Der Schaden der Insolvenz einer (systemrelevanten) Geschäftsbank beläuft sich dabei nicht nur auf etwaige Verluste von Gläubigern der Geschäftsbank, sondern liegt insbesondere in den von der Insolvenz der Geschäftsbank ausgehenden Signale für die Finanzwelt[88], welche eine Finanzkrise mit erheblichen Auswirkungen auf die gesamtwirtschaftliche Situation einer Volkswirtschaft auslösen können (Mankiw/Taylor 2012, S.1015)[89].

Muss tatsächlich davon ausgegangen werden, dass die Insolvenz eines Kreditinstituts erhebliche volkswirtschaftliche Konsequenzen[90] hat, so sollten staatliche Unterstützungsmaßnahmen weiterhin als zweite Bedingung nur unter Auflagen erfolgen[91]. Diese Auflagen können beispielsweise in Mitspracherechten des Staates bestehen, um zu verhindern, dass Staatshilfen nur die Symptome, nicht aber die Ursachen einer Finanzkrise bekämpfen (Pohl 2009, S.292). Weiterhin muss die Rettung einer systemrelevanten Bank mit einer umfassenden Restrukturierung des geretteten Instituts einhergehen (SVR 2008, Ziffer

---

[88] Vgl. Abschnitt 3.4b) und 4.2 sowie 5.1
[89] Vgl. auch Abschnitt 3.2
[90] Vgl. Abschnitt 4.1
[91] Vgl. SVR (2008, Ziffer 237)

241), welche Mängel offenlegt und zukünftige Krisen gleicher Art verhindern (Issing 2011b, S.15).

Die Argumente gegen die Verwendung öffentlicher Mittel zur Unterstützung systemrelevanter Banken sind dennoch vielfältig. Ein Argument ist, dass durch die Unterstützung bedrohter Geschäftsbanken viele marktwirtschaftliche Prozesse außer Kraft gesetzt werden: „Die Wirtschaft folgt nicht einem linearen Trend die Entwicklung ist von einem unaufhörlichen Auf und Ab geprägt. Nach gängigem Muster beenden Übertreibungen den Aufschwung. In der Krise, im Tal des Abschwungs, bereitet sich die Erholung vor.[...] Zum anderen: Jede Absicht, die Schwankungen zu eliminieren und die Wirtschaft auf einen gradlinigen Pfad zu bringen, ist nicht nur von vornherein zum Scheitern verurteilt, sondern muss gleichzeitig die im Auf und Ab liegende positive Dynamik zerstören.[...] Die positive Wirkung der Krise setzt die Korrektur von im Aufschwung aufgetretenen Fehlentwicklungen voraus. Das Abschreiben von Fehlinvestitionen, der Abbau von Überkapazitäten ist die unabdingbare Voraussetzung für die anschließende kräftige und anhaltende Erholung" (Issing 2011b, S.14). Demnach stellen staatliche Unterstützungsmaßnahmen einen Eingriff in die Dynamik marktwirtschaftlicher Prozesse dar, mit der Gefahr, dass es dadurch zu Wettbewerbsverzerrungen kommt: „Eine schwerwiegende Nebenwirkung des Pakets besteht darin, dass der marktwirtschaftliche Kontrollmechanismus der Insolvenz zumindest zeitweise suspendiert ist. An Stelle des Markts muss nun der Staat die Selektionsfunktion zwischen zukunftsfähigen Instituten und Banken ohne nachhaltige Ertragsperspektive wahrnehmen. Wenn dies nicht gelingt, besteht die Gefahr, dass ineffiziente Banken mit staatlicher Hilfe am Leben gehalten werden und mit Dumping-Konditionen den Wettbewerbsprozess verzerren" (SVR 2008, Ziffer 240). Im Laufe der Zeit würden marktwirtschaftliche Korrekturprozesse also die Konsolidierung der Finanzmärkte bewirken, das Hauptproblem dieser *Selbstheilung* besteht aber in ihrer Dauer und den zwischenzeitlichen Auswirkungen auf die Realwirtschaft: „Doch ginge diesem marktendogenen Erholungsprozess eine, wie angesichts der Wucht der Krise zu vermuten ist, langjährige starke Kontraktion der Wirtschaft voraus" (Pohl 2009, S.291)[92]. Wird also statt der Bereitstellung von Liquiditätshilfen auf die Konsolidierung der Banken durch marktwirtschaftliche Korrekturprozesse vertraut, werden somit einerseits Wettbewerbsverzerrungen verhindert[93] aber andererseits potentiell hohe volkswirtschaftliche Verluste riskiert.

---

[92] Vgl. Abschnitt 3.2
[93] Vgl. Abschnitt 4.4.2

Ein weiteres Problem liegt in der finanziellen Belastung des Staatshaushalts, da die Inanspruchnahme der vom Staat als Lender of Last Resort ausgesprochenen Garantien zu einem Wachstum der Staatsverschuldung führen kann (Knothe 2011, S.227f). Für die Kosten der Intervention der Bundesrepublik Deutschland in der Finanzkrise 2007 bestehen mehrere Prognosen zwischen einem bereits realisierten Verlust des Bankenrettungsfonds SoFFin von rund 20 Mrd. Euro (FMSA 2013c) und möglichen Gesamtkosten in Höhe von 187 Mrd. Euro (Greive 2013).

Da die zur Unterstützung gefährdeter Banken verwendeten öffentlichen Mittel letztendlich aus Steuereinnahmen des Staates stammen, wird deren Verwendung kritisch von der Öffentlichkeit hinterfragt: „Wo der Staat bisher strenge Regeln an sein Budget stellt, wo im politischen Prozess über Ausgaben von wenigen Millionen Euro kontrovers gerungen wird, werden nun Hunderte von Milliarden Euro mobilisiert, um einen einzigen Bereich der Wirtschaft, den Finanzsektor, zu stabilisieren" (Pohl 2009, S.294). Dabei werden Finanzhilfen für insolvenzbedrohte Geschäftsbanken auch aufgrund des schlechten Rufs der Finanzbranche in der Öffentlichkeit kritisch hinterfragt (Issing 2011b, S.16), was eine umfangreiche Gerechtigkeitsdebatte anstieß.

4.4.2 Moral Hazard

Kann sich eine Geschäftsbank darauf verlassen, dass sie im Krisenfall von einer anderen Instanz gerettet wird, so kann dies zu moralischen Wagnissen der Geschäftsbank führen: „Grundsätzlich erfolgt die Disziplinierung der Finanzunternehmen durch die Gläubiger, indem diese sich höhere Risiken durch eine höhere Verzinsung kompensieren lassen. Aus Sicht der Bank wird die Übernahme der Risiken dadurch weniger attraktiv. Besteht hingegen eine staatliche Garantie zugunsten des Instituts, unterbleibt die Disziplinierung durch die Einleger, da sie das Risiko nicht selbst tragen, sondern der Staat dafür eintritt. In der Folge steigt der Anreiz für die Bank zur Risikoübernahme" (Radtke 2010, S.36f)[94]. Dabei spielt die im Abschnitt 4.3.1 erwähnte Bonuskultur im Bankenwesen auch eine Rolle: „Viele Bankmanager haben, um hohe Bonuszahlungen zu bekommen, in riskante Geschäfte investiert in der Gewissheit, dass der Staat im Falle eines drohenden Zusammenbruchs der Banken eingreifen würde" (Mankiw/Taylor 2012, S.575).

Existiert somit ein Lender of Last Resort, auf dessen Intervention sich die Geschäftsbanken verlassen können, besteht die Gefahr, dass es zu Lasten der Marktdisziplin zu einer übermäßigen Aufnahme von Risiken seitens der Geschäftsbanken kommt (Vollmer/Diemer

---

[94] Vgl. auch Mankiw/Taylor (2012, S.1009) und Morisson (2011, S.502)

2011, S.139f). Da sich die Staats- und Regierungschefs der EU im Oktober 2008 tatsächlich zur Rettung und Unterstützung systemrelevanter Banken verpflichteten (Europäische Union 2008, S.33f) und die Bundesanstalt für Finanzdienstleistungsaufsicht in einer Studie 36 deutsche Kreditinstitute als systemrelevant einstuft (Deutscher Bundestag 2010, S.5), kann davon ausgegangen werden, dass ein beachtlicher Teil der deutschen Geschäftsbanken im Zweifelsfall erneut durch Staatshilfen gestützt werden. Dabei liefert eine durch den Staat ausgesprochene Beistandsgarantie somit auch in der Bundesrepublik Anreize „zu einer weitgehenden Privatisierung der Gewinne bei gleichzeitiger Kollektivierung der Verluste[95] zu Lasten der Allgemeinheit" (Knothe 2011, S.228)[96].

Die Annahme, dass manche Geschäftsbanken *too big to fail* sind und somit im Zweifelsfall vom Staat unterstützt werden, hat neben ihrem Anreiz zu moralischen Risiken auch Auswirkungen auf die Wertschätzung der Banken als private Unternehmen und verzerrt somit marktwirtschaftliche Prozesse: „There is more rigorous academic evidence in support of the hypothesis that the TBTF policy artificially lowers the cost of bank funds, and so distorts resource allocation. For example, after the Wall Street Journal identified 11 banks that were TBTF after the 1984 bailout of Continental Illinois, their share prices rose 1.3 per cent" (Morrison 2011, S.503). Unabhängig vom Vorliegen einer Krise hat die Systemrelevanz einer Geschäftsbank demnach einen subventionierenden Charakter[97] mit einem signifikanten Einfluss auf die Finanzierungskosten der Geschäftsbanken: „Staatsgarantien – bzw. die Erwartung von Marktteilnehmern, dass Großbanken im Krisenfall vom Staat gerettet werden – schlagen sich in Vorteilen bei den Finanzierungskosten nieder. Einen Hinweis, wie gross diese Subvention ist, liefert die Bewertung von Großbankenschulden. Die Differenz zwischen dem Rating «eigenständig» (standalone) und «unterstützt» (support) dient als Mass für die Wahrscheinlichkeit von Staatshilfen. Für die 29 vom Financial Stability Board als systemrelevant designierten Großbanken betrug die Differenz vor der Krise 1,3 Stufen, was einer impliziten Subvention von 70 Mrd. $ pro Jahr entsprach. Während der Krise stieg die Differenz auf über 3 Stufen, was zeitweise einen Finanzierungsvorteil von jährlich über 700 Mrd. $ ausmachte" (Lanz 2013)[98]. Weiterhin stellt Freixas (1999, S.7ff) fest, dass der subventionierende Charakter[99] der LoLR Politik bei risikofreudigen Banken umso stärker ist: "[...] the higher the probability of default, the higher the expected value of the subsidy."

---

[95] Indem beispielsweise Papiere minderer Qualität zu einem überhöhten Preis durch den Staat aufgekauft werden (SVR 2008, Ziffer 254).
[96] Vgl. auch Weidmann (2011, S.3)
[97] Vgl. auch Freixas (1999, S.7ff)
[98] Vgl. auch Donges et al. (2011, S.24)
[99] Vgl. auch Zürcher (2010, S.35f)

Die positive Korrelation der relativen Höhe der Subvention mit dem eingegangenen Risiko bestärkt demnach den ohnehin vorhandenen Anreiz zu moralischen Risiken bei Vorhandensein eines LoLR. Somit könnte ein gefährlicher Kreislauf entstehen: *Je mehr Risiko ich eingehe, desto eher werde ich gerettet. Je eher ich gerettet werde, desto besser ist es für mich, Risiko einzugehen.*

Die Systemrelevanz einer Geschäftsbank führt folglich zu allokativen Verzerrungen und einer erhöhten Risikobereitschaft des Instituts. Somit haben Geschäftsbanken einen Anreiz, den Status der Systemrelevanz zu erreichen[100], da systemrelevante Institute indirekt Subventionen genießen (Morrison 2011, S.503). Zieht man die Größe des Kreditinstituts als Kriterium[101] für dessen Systemrelevanz heran, so kann man beobachten, dass viele Gechäftsbanken durch die Fusion mit anderen Kreditinstituten versuchen, eine ihrer Systemrelevanz zuträgliche Größe zu erreichen und weiterhin dazu bereit sind, für deartige Fusionen auch mehr zu zahlen: „Specifically, we find positive abnormal returns for mergers that allow the combined banking firm enhanced access to the federal safety net as the banking organizations become clearly TBTF (Case 1) or become systematically important to the overall economy" (Brewer/Jagtiani 2009, S.29). Weiterhin konnte Kane (2000, S.671ff) feststellen, dass die Kurse von Großbanken bei einer angekündigten Fusion im Gegensatz zu den üblichen Beobachtungen bei Fusionen kleinerer Banken stiegen.

Die Lösung der Moral Hazard Problematik wird in der Literatur häufig darin gesehen, dass sich der LoLR nicht bedingungslos an die Rettung einer (systemrelevanten) Geschäftsbank bindet. Dementsprechend bestand die Finanzdienstleistungsaufsicht BaFin trotz der Selbstverpflichtung der EU Mitgliedstaaten zur Rettung von systemrelevanten Banken im Oktober 2008 im Rahmen ihrer Studie zu systemrelevanten Banken darauf, dass die Systemrelevanz einer Geschäftsbank „nicht darüber [aussagt], wer im Zweifel gerettet würde oder wer nicht" (tagesschau.de 2012). Die theoretische Fundierung dieser Vorgehensweise liefert das Prinzip der *Constructive ambiguity*: „Es bezeichnet eine Politik, bei der der LoLR gegenüber der Öffentlichkeit offen lässt, ob, wann und zu welchen Bedingungen er finanzielle Hilfen gewährt" (Vollmer/Diemer 2011, S.140). Diese Strategie führt zu dem Ergebnis, dass der Mittelvergabe an Geschäftsbanken wieder das nötige Risikoelement beigefügt wird (Vollmer/Diemer 2011, S.140) und folglich die durch günstigere Refinanzierungskonditionen entstehende Subvention bei systemrelevanten Geschäftsbanken entfällt.

---

[100] Vgl. auch SVR (2010, Ziffer 314f)
[101] Die in Abschnitt 4.2 aufgezeigten Indikatoren sind weiterhin als Kriterium für die Systemrelevanz einer Geschäftsbank gültig

Constructive ambiguity wird in ihrer Wirksamkeit in der Literatur durchaus bestätigt[102], sie sieht aber vor, dass der LoLR seine Entscheidungen weder vorher ankündigt, noch die für die Entscheidungen relevanten Variablen bekannt gibt (Freixas 1999, S.19f). Diese Vorgehensweise wäre allerdings völlig konträr zur allgemein geschätzen Vorgehensweise innerhalb der Geldpolitik (der EZB), bei der Transparenz, Glaubwürdigkeit und Vorhersehbarkeit der Entscheidungen als Grundbedingungen angesehen werden (EZB 2013). Da die Verfolgung der constructive ambiguity Politik auch mit tatsächlichen Insolvenzen von Geschäftsbanken verbunden wäre, könnte sie somit mit erheblichen volkswirtschaftlichen Spannungen verbunden sein, aber auch die Insolvenz von Lehman Brothers rechtfertigen[103].

4.5 Umgang mit systemrelevanten Instituten

Systemrelevante Geschäftsbanken werden aufgrund ihres Gefahrenpotentials für die internationale Finanzmarktstabilität in Zukunft stärker kontrolliert. Unter der Verwendung der auch in Abschnitt 4.2 dargestellten Indikatoren veröffentlicht der Finanzstabilitätsrat[104] (Financial Stability Board, FSB) seit November 2011 jährlich eine Liste global systemrelevanter Geschäftsbanken (FSB 2012, S.1), welche derzeit 29 Geschäftsbanken umfasst[105]. Ist eine Bank als global systemrelevant eingestuft, wird sie zukünftig[106] auf Anweisung des Baseler Ausschuss für Bankenaufsicht höhere Kernkapitalquoten[107] erfüllen müssen, um im Krisenfall Verluste besser tragen zu können (Baseler Ausschuss für Bankenaufsicht 2011, Ziffer 73). Diese Maßnahme wird vom deutschen Bankenverband kritisch kommentiert: „Zum Zeitpunkt der Insolvenz wies Lehman Brothers eine Kernkapitalquote von elf Prozent aus -auch mit zwei Prozent höheren Mindestquoten wäre die Insolvenz vermutlich nicht verhindert worden.[...]ob höhere Kapitalquoten bei konstanten Renditeerwartungen der Eigentümer nicht um den Preis risikoreicherer Geschäfte erreicht werde" (Bundesverband deutscher Banken o. Jg.)[108]. Da diese Regelungen nur auf global systemrelevante Geschäftsbanken angewandt werden, existieren auch auf nationaler Ebene Ansätze, die den Unterschied zwischen nationaler und globaler Systemrelevanz berücksichtigen und eine nationale Regulierung systemrelevanter Geschäftsbanken

---

[102] Vgl. neben Freixas (1999) auch Mishkin (1999)
[103] Vgl. Abschnitt 3.4 und Abschnitt 5.1
[104] Der FSB ist ein von den G20 Staaten gegründete Organisation zur Überwachung des globalen Finanzsystem und angesiedelt bei der Bank für internationalen Zahlungsausgleich (financialstabilityboard.org).
[105] Vgl. Abbildung 6
[106] Diese zusätzliche Anforderungen sollen ab 2016 eingeführt werden, vgl. Baseler Ausschuss für Bankenaufsicht (2011, Ziffer 96).
[107] Vgl. hierzu die Vorschriften zur Eigenkapitalregulierungen unter Basel III (Baseler Ausschuss für Bankenaufsicht 2011, Ziffer 7ff).
[108] Vgl. hierzu SVR (2011, Kasten 12).

ermöglichen: Eine „D-SIB-Rahmenregelung ist am besten als Ergänzung zur G-SIB-Rahmenregelung zu verstehen, wobei der Schwerpunkt auf den Auswirkungen liegt, welche die Notlage oder der Ausfall von Banken (einschl. international tätiger Banken) auf die nationale Wirtschaft haben würde. Daher stützt sich die D-SIB-Rahmenregelung auf die Beurteilung der lokalen Instanzen, die die Auswirkungen eines Ausfalls auf das lokale Finanzsystem und die lokale Wirtschaft am besten einschätzen können" (Basler Ausschuss für Bankenaufsicht 2012)[109]. Folglich werden in Deutschland 36 Banken von der Bundesanstalt für Finanzdienstleistungsaufsicht (BaFin) als national systemrelevant eingestuft[110]. Diese Banken sollen künftig, wie im Bundestag im Mai 2013 beschlossen, zur Aufstellung von Sanierungs- und Abwicklungsplänen verpflichtet werden[111]: „Darin sollen sie auflisten, wie [sie] sich im Fall existenzbedrohender Finanzprobleme neues Kapital beschaffen wollen. Diese Sanierungspläne sollen zudem für verschiedene denkbare Szenarien Wege beschreiben, wie sich die jeweilige Bank ohne Staatshilfe selbst retten kann" (tagesschau.de 2013). Weiterhin wurde beschlossen, dass Geschäftsbanken künftig Einlagen- und Handelsgeschäft voneinander trennen müssen: „Einlagenkreditinstitute und Gruppen, denen Einlagenkreditinstitute angehören, dürfen bei Überschreiten bestimmter Schwellenwerte nicht mehr zugleich das Einlagen- und das Eigengeschäft, d.h. die Anschaffung oder die Veräußerung von Finanzinstrumenten für eigene Rechnung, die nicht Dienstleistung für andere ist, unter einem Dach betreiben" (Bundesministerium der Finanzen 2013). Der Vorteil dieses Trennbankensystems[112] besteht in einer vereinfachten Abwicklung von Geschäftsbanken im Falle einer Zahlungsunfähigkeit, da in einem Trennbankensystem klar zwischen Einlagen- und Investmentgeschäft der Banken unterschieden wird (Schindler 2011, S.1). Somit kann der Staat den für die Volkswirtschaft relevanten Teil der Geschäftsbank im Krisenfall gezielt unterstützen, ohne dabei riskante Investmentgeschäfte subventionieren zu müssen (Socher/Driftmann/Blum 2012, S.4f). Diese Absicht wird allerdings durch die Vorgehensweise des Bundes in der vergangenen Bankenkrise relativiert, da die Mehrheit der durch den Bund gestützten Institute ausschließlich zur Vermeidung von Dominoeffekten gerettet wurden und solche Dominoeffekte auch von abgeschirmten handelsgeschäftlichen Bankenbereichen ausgehen können (SVR 2011, Ziffer 280). Dennoch wird durch die Zerschlagung von Universalbanken die Komplexität im Bankensektor und somit auch die

---

[109] Vgl. Abschnitt 4.2a)
[110] Vgl. Abschnitt 4.4.2
[111] Vgl. hierzu den *Entwurf Mindestanforderungen an die Ausgestaltung von Sanierungsplänen* (BaFin 2012) und *Key Attributes of Effective Resolution Regimes for Financial Institutions* (FSB 2011)
[112] Die Vor- und Nachteile des Trennbankensystem werden u.a. von Morrison (2011, S.511f), Socher/Driftmann/Blum (2012, S.3ff) und Büschgen (1997, S.16ff) diskutiert

Systemrelevanz einiger Geschäftsbanken[113] reduziert: „The 2007–9 financial crisis provides stronger support for the hypothesis that universal banks increase the scale of the TBTF effect. Government support was extended to a large number of non-banking firms. Part of the problem here appears to have been the sheer complexity of the firms in question" (Morrison 2011, S. 505). Bei der Etablierung eines Trennbankensystems ist weiterhin darauf zu achten, dass es nicht zu erhöhten Transaktionskosten zu Lasten der Kunden kommt: „Eine Bank verfügt üblicherweise über ein umfangreiches, häufig auch internationales Netzwerk von Filialen, Niederlassungen und Tochtergesellschaften, die auf verschiedene Funktionen spezialisiert sind. Dieses Netzwerk wird für den reibungslosen Ablauf der Transaktionen zwischen den Kunden gebraucht. Zerstört man es, dann vergrößert man vermutlich die Transaktionskosten" (Sinn 2012, S.376)[114].

Es wurden somit einige Initiativen zur Regulierung systemrelevanter Geschäftsbanken ergriffen. Auch wenn die Beurteilung der ergriffenen Maßnahmen unterschiedlich ausfällt, wurde zumindest erkannt, dass systemrelevante Banken aufgrund ihres erhöhten Gefahrenpotentials für die Stabilität der Volkswirtschaft eine tiefergehende Regulierung benötigen.

5. Fallstudien

5.1 Lehman Brothers

Die Insolvenz der amerikanischen Investment Bank Lehman Brothers im September 2008 wird weltweit als das zentrale Ereignis der Finanzkrise gesehen. Dabei ist der Fall Lehman Brothers von besonderem Interesse, da er veranschaulicht, welche Konsequenzen die Verweigerung staatlicher Unterstützungsmaßnahmen für eine insolvenzbedrohte, systemrelevante Geschäftsbank haben könnte und warum diese überhaupt zugelassen wurde.

a) Geschäftsbereich und Gründe für die Zahlungsunfähigkeit

Vor seiner Insolvenz im Septermber 2008 galt die 158 Jahre alte Investmentbank Lehman Brothers mit ihren rund 26.000 Mitarbeitern und Vermögenswerten in Höhe von 600 Mrd. Dollar als viertgrößte Investmentbank der vereinigten Staaten (handelsblatt 2008). Dabei wurde Lehman Brothers aufgrund ihrer Größe, Vernetzung und Komplexität als systemrelevant eingestuft (Köhler/Weber 2013, S.13) und galt mit einer Eigenkapitalrendite von bis zu 33% als äußerst profitabel (Sinn 2012, S.88).

---

[113] Vgl. Abschnitt 4.2d)

Lehman Brothers war in großem Ausmaß an den Entwicklungen im US amerikanischen Hypothekensegment beteiligt und investierte mit einem Fremdkapital zu Eigenkapital Verhältnis von über 30 in den amerikanischen Hypothekenmarkt (Lieven 2009, S.221f).

In Folge der Entwicklungen am amerikanischen Hypothekenmarkt musste Lehman Brothers ab 2007 bis zur Insolvenz im September 2008 enorme Abschreibungen und Notverkäufe vornehmen[115]. Folglich musste die Bank Verluste in Milliardenhöhe und einen enormen börslichen Kursverfall hinnehmen. Weiterhin lehnte Lehman Brothers die von der Fed für Investmentbanken geschaffenen Finanzierungsmöglichkeiten aus Angst vor einer Stigmatisierung ab (Lieven 2009, S.222). Die anschließende Suche nach alternativen Liquiditätsquellen stellte sich jedoch als negatives Signal auf das Vertrauen der Gläubiger und Clearing Stellen der Bank heraus, welche daraufhin Sicherheiten in Milliardenhöhe für noch offene Positionen Lehmans forderten (Mollenkamp et al. 2008). Da sich keine andere Bank zur Übernahme von Lehman Brothers bereit erklärte (Sorkin 2008, S.A1) und keine staatlichen Unterstützungsmaßnahmen für Lehman vorgesehen waren (Tett 2009, S.272), musste Lehman Brothers am 15. September 2008 Insolvenz im Sinne des Chapter 11 Bankcruptcy Code anmelden (Lehman Brothers Holdings Inc. 2008, S.1).

b) Gründe für die Ablehnung der Staatshilfen und Auswirkungen der Insolvenz

Die Insolvenz von Lehman Brothers im September 2008 verschärfte die zu diesem Zeitpunkt schon angespannte Situation an den Finanzmärkten um ein Vielfaches, da sie eine weltweite Vertrauenskrise in das Finanzsystem auslöste (Bofinger 2011, S. 189)[116] und die Auffassung der Finanzwelt, dass eine systemrelevante Bank wie Lehman Brothers im Zweifelsfall durch einen LoLR unterstützt wird, dabei nicht bestätigt wurde (Sinn 2012, S.88). Wie bereits in Abschnitt 4.3.3 erläutert, hatte diese Vertrauenskrise enorme Auswirkungen auf die Refinanzierungskosten aller Geschäftsbanken: „Yields in short-term markets spiked the week following the Lehman filing. Risk spreads in short-term credit markets widened" (Fitzpatrick/Thomson 2011, S.2). Da nur wenige Monate vor der Insolvenz von Lehman Brothers mit der Investmentbank Bear Stearns eine ähnliche Bank mit dennoch geringerer Bilanzsumme durch eine Kooperation aus Fed und JPMorgan gerettet wurde (Isidore 2008), stellt sich die Frage, warum nicht auch Lehman Brothers ähnliche Unterstützungen erhielt. Dafür gab es mehrere Gründe:

---

[115] Vgl. thestreet.com (2007) und NYTimes.com (2008)
[116] Vgl. Abschnitt 3.4b) und Abschnitt 4.3.3

- Nach der Rettung von Bear Stearns und der Quasi-Verstaatlichung von Freddie Mac und Fannie Mae und dem dadurch verbundenem Einsatz von fast 250 Mrd. Dollar stand der damalige amerikanische Finanzminister Paulson unter großem politischen Druck, da man ihm den Vorwurf der Sozialisierung von privatwirtschaftlichen Verlusten machte (Lieven 2009, S.230). Dass Bear Stearn gerettet wurde und Lehman Brothers nicht, könnte man demnach als „The Advantage of Failing First" bezeichnen (Sean/Kaitlin 2012).
- Eine Rettung von Lehman Brothers wäre mit einem enormen Verlust von Steuergeldern einhergegangen: "If we lent the money to Lehman, we would have saddled the taxpayers with tens of billions of dollars in losses" (Bernanke 2010). Dieses Argument sollte man jedoch kritisch betrachten, da auch andere Institute mit Steuergeldern unterstützt wurden und die aus der Verschärfung der Finanzkrise resultierenden tatsächlichen Kosten der Lehman Insolvenz möglicherweise höher waren, als die für die Rettung von Lehman benötigten Steuergelder.
- Möglicherweise wollte man ein Exempel statuieren, um künftig das bei Staatsgarantien entstehende Problem von moralischen Risiken[117] zu verhindern (Lieven 2009, S.230).
- Die Fed ging davon aus, dass die Insolvenz von Lehman Brothers keine erheblichen Konsequenzen für die Finanzmärkte hätte haben dürfen, da die Investoren schon vor der kritischen Phase im September 2008 von dem von Lehman Brothers ausgehenden Risiko hätten wissen müssen (Bernanke 2008).

Die Insolvenz von Lehman Brothers wirft viele Fragen auf, da sie die Geradlinigkeit der Geldpolitik im Umgang mit systemrelevanten Geschäftsbanken in Frage stellt.

Weiterhin zeigt der Fall Lehman Brothers, dass Finanzmärkte durch den Untergang einer einzelnen systemrelevanten Bank erheblich gestört werden können, wobei trotzdem fraglich ist, ob es einen perfekten Zusammenhang zwischen der Insolvenz von Lehman Brothers und der verschärften Situation der Finanzmärkte im September 2008 gibt: „The Lehman bankruptcy occurred during a time when there were good reasons for market participants to question the solvency of a number of large financial firms. The bankruptcy was accompanied by nearly two dozen significant disruptive events in September 2008 alone, some unrelated to the Lehman filing and some related to its failure. The clustering of multiple events around the time of the bankruptcy makes it difficult to identify the causal effects of the bankruptcy on markets" (Fitzpatrick/Thomson 2011, S.2).

---

[117] Vgl. Abschnitt 4.4.2

5.2 Hypo Real Estate

Am Beispiel der Hypo Real Estate wird nun aufgezeigt, wie eine systemrelevante Geschäftsbank durch eine Vertrauenskrise in eine Schieflage gerät und welche Mittel zur Rettung ergriffen werden. Dabei stellt die Hypo Real Esate die „teuerste Bankenrettung der deutschen Geschichte" (Ramthun et al. 2009) dar.

a) Geschäftsbereich und Gründe für die Schieflage

Die Hypo Real Estate Gruppe besteht aus einer börsennotierten Holding, der Hypo Real Estate Holding AG mit Sitz in München und mehreren Tochterunternehmen. Dabei übernimmt die Holding lediglich strategische Aufgaben zur Koordination der operativen Geschäfte der Tochterunternehmen wahr (Deutscher Bundestag 2009, S.50f). Die wesentlichen Geschäftsfelder der HRE Gruppe, deren Bilanzsumme sich 2007 auf 400 Mrd. Euro belief (finanzen.net 2013), waren die Finanzierung gewerblicher Immobilien, die Staats- und Infrastrukturfinanzierung und in einem geringen Maß die private Vermögensverwaltung (Deutscher Bundestag 2009, S.54). Dabei vergab die HRE langfristige Kredite, die sie selbst mit kurzfristigen Krediten am Interbankenmarkt refinanzieren musste, da sie über kein Einlagengeschäft verfügte (SVR 2008, Ziffer 178). Diese Abhängigkeit wurde ihr im Rahmen der Finanzkrise zum Verhängnis: Da sie selbst amerikanische CDOs abschreiben musste (Meyer-Kuckuk 2008) und durch ihre Abhängigkeit vom Interbankenmarkt auf das Vertrauen anderer Banken angewiesen war, konnte sie während der durch den Konkurs von Lehman Brothers verursachten Vertrauenskrise fällige Auszahlungen nicht mehr durch die Aufnahme kurzfristiger Kredite am Interbankenmarkt refinanzieren: "Das Geschäftsmodell der HRE wurde erst dann existenzgefährdend, als eine Refinanzierung selbst zu ungünstigen Konditionen nicht mehr möglich war, sondern die entsprechenden Refinanzierungskanäle nach der Lehman Insolvenz komplett austrockneten" (Weber 2009, S.55)[118]. Somit entstand die Schieflage der HRE durch den Ausfall ihrer Refinanzierungsquellen und nur beiläufig durch ihr Engagement am US amerikanischen Hypothekenmarkt.

b) Liquiditätshilfen, Verstaatlichung und Folgen

Da die HRE unmittelbar nach der Insolvenz von Lehman Brothers nicht mehr in der Lage war, ihre Verbindlichkeiten durch die Aufnahme weiterer Kredite am Interbankenmarkt zu erfüllen, musste sie Ende September 2008 durch Liquiditätslinien des SoFFin unterstützt

---

[118] Vgl. hierzu Abschnitt 3.4a), Abschnitt 3.4b) und Abschnitt 4.3.3a)

werden (Europäische Kommission 2008, Ziffer 8)[119]. Dieser Liquiditätsrahmen wurde im Laufe der Zeit um 15 Mrd. Euro erhöht und um Garantien in Höhe von insgesamt 52 Mrd. Euro erweitert (tagesschau.de 2009a)[120]. Letztendlich wurde die HRE durch einen umstrittenen Aufkauf der hauptsächlich im Streubesitz befindlichen Aktien (faz.net 2009) und einer anschließenden Kapitalerhöhung (Götz 2011, S.54f) im Oktober 2009 verstaatlicht (tagesschau.de 2009b)[121]. Nachdem der SoFFin 2010 weitere 40 Mrd. Euro an Bürgschaften übernahm (HRE 2010) und bereits im November 2009 weitere 3 Mrd. Euro Kapital zugeführt wurden (HRE 2009), belief sich das staatliche Engagement bei der Hypo Real Estate zwischenzeitlich auf eine Summe zwischen 100 und 150 Mrd. Euro. Wie hoch die endgütigen Kosten der Verstaatlichung der HRE sind, hängt letztendlich davon ab wie erfolgreich die Altlasten der HRE in ihrer Bad Bank FMS Wertmanagement verwertet werden. Da zumindest von einer partiellen Rückzahlung der Staatshilfen ausgegangen werden kann und zudem nicht jede übernommene Bürgschaft auch letztendlich fällig wird, belaufen sich die bisherigen tatsächlichen Kosten der HRE Rettung Stand 2013 auf rund 19 Mrd. Euro (handelsblatt.com 2013).

Die Gründe für die Verstaatlichung der Hypo Real Estate sind umstritten und eine umfangreiche Stellungnahme der Finanzministeriums oder anderer an der Rettung beteiligten Institute gibt es neben dem Bericht eines eigens zur Rettung der HRE aufgestellten Untersuchungsausschusses nicht. Es ist zumindest unumstritten, dass die HRE mit einer Bilanzsumme von 400 Mrd. Euro sowohl von der Bundesregierung (Deutscher Bundestag 2009, S.97), als auch in der Bankenbranche (Weber 2009, S.7)[122] als systemrelevant eingestuft wurde. Da die HRE mit einer Bilanzsumme von 400 Mrd. Euro immerhin 70% der Bilanzsumme von Lehman Brothers verzeichnete, wollte man mit der umfangreichen Rettung womöglich weitere Dominoeffekte verhindern: „Zu Beginn der Hypo-Real-Estate-Krise warnten die Deutsche Bundesbank und die Bundesanstalt fur Finanzdienstleistungsaufsicht davor, dass eine Insolvenz der Hypo-Real-Estate-Gruppe fur Deutschland ähnlich unabsehbare Folgen auslösen konnte wie der Zusammenbruch der amerikanischen Finanzgruppe Lehman Brothers. Wegen der hohen Verflechtungsintensität[123] der Hypo-Real-Estate-Gruppe wäre mit schwerwiegenden Störungen der Kapitalmärkte zu rechnen" (Weber

---

[119] An potentiellen Verlusten wäre ein Konsortium aus deutschen Geschäftsbanken zu 60% beteiligt gewesen (Europäische Kommission 2008, Ziffer 14)
[120] Die Liquiditätshilfen für die HRE werden gut bei Götz (2011, S.52ff) zusammengefasst.
[121] Zur Verstaatlichung der HRE vgl. Götz (2011, S.52ff)
[122] Vgl. auch Kaiser/Sirleschtov (2009)
[123] Die Rettung der HRE wird also grundsätzlich durch ihren Statuz als systemrelevant begründet, vgl. Abschnitt 4.2b), 4.3.3 und 4.4.1.

2009, S.7). Dennoch wären die durch die Insolvenz der Hypo Real Estate entstandenen Verluste für andere Geschäftsbanken anscheinend nicht hoch gewesen, da das Portfolio der HRE hauptsächlich aus gut gesicherten Pfandbriefen bestand (Bernau 2013)[124]. Weiterhin wird die HRE Rettung in den Medien kritisiert, da sie anscheinend durch einen Interessenkonflikt der Bundesregierung begünstigt wurde, da diese zum Zeitpunkt der Schieflage selbst Kunde der HRE war (Drost/Sigm 2009).

Die Verstaatlichung der systemrelevanten Geschäftsbank Hypo Real Estate erfüllte trotz aller Kritik ihren Zweck, da es nicht erneut zu einer Verschärfung der Vertrauenskrise kam. Die Kosten der Unterstützung belaufen sich zwar derzeit im zweistelligen Milliardenbereich, werden aber sicherlich nicht die Höhe der gesamten Maßnahmen erreichen, da das Institut seit dem dritten Quartal profitabel ist (HRE 2013, S.4) und somit bereits einen Teil seiner Staatshilfen zurückzahlen kann.

6. Fazit

Das Fazit dieser Arbeit besteht in der Erkenntnis, dass eine systemrelevante Geschäftsbank unabhängig von ihrer Stellung als privatwirtschaftliches Unternehmen eine implizite Staatsgarantie genießt. Dabei ist die Systemrelevanz der Geschäftsbank eine Eigenschaft, die sich nicht klar definieren lässt, da neben messbaren Einflussgrößen auch viele schwer kalkulierbare Faktoren einen Einfluss auf das Maß der Systemrelevanz einer Bank haben. Diese schwer kalkulierbaren Faktoren lassen sich auf die Informationssensitivität der Finanzmärkte zurückführen und werden letztendlich durch Panikreaktionen oder Automatismen im Computerhandel verstärkt. Weiterhin definiert man die Systemrelevanz einer Geschäftsbank nicht positiv über ihren Nutzen für die Volkswirtschaft, sondern negativ über die Auswirkungen ihrer Insolvenz für die Stabilität der Finanzmärkte. Auffällig ist auch, dass der Finanzstabilitätsrat 29 Banken weltweit als systemrelevant einstuft, während die deutsche Finanzmarktaufsicht alleine in Deutschland 36 Banken für systemrelevant befindet. Somit sind letztendlich wesentlich mehr Banken jeweils am Ort ihrer Hauptgeschäftstätigkeit als systemrelevant einzustufen und folglich potentielle Empfänger staatlicher Unterstützungsmaßnahmen. Es entsteht der Eindruck, dass die Systemrelevanz einer Bank kein einheitliches, klar umrissenes Prädikat ist, sondern eine Eigenschaft, deren Beurteilung letztendlich im Ermessen des jeweiligen Betrachters liegt. Da man praktisch jedes Institut, dessen Scheitern erhebliche Auswirkungen auf die Stabilität der Finanzmärkte hätte, als

---

[124] Dennoch ist die Stabilität des deutschen Pfandbriefsystems ein schützenswertes Gut, vgl. Westdeutsche Zeitung (2009)

systemrelevant einstufen kann, wird man auch in Zukunft Investment- oder Hypothekenbanken retten müssen, da deren Insolvenz möglicherweise Panikreaktionen oder Vertrauenskrisen auslösen könnte. Problematisch an dieser Vorgehensweise ist weiterhin, dass sie den Staat in eine schwache Position versetzt, indem die Finanzwirtschaft bei jeder potentiellen Insolvenz eines Instituts suggeriert, dass dessen Scheitern erhebliche Auswirkungen auf die Finanzmarkstabilität hätte.

Vielmehr sollte es darum gehen, Maßnahmen zu ergreifen, die die von der Staatsgarantie ausgehenden Anreize zu moralischen Risiken minimieren. Möglicherweise wurde neben den Initiativen des Finanzstabilitätsrats und der Bundesregierung im Bereich der Reglementierung systemrelevanter Geschäftsbanken auch in der aktuellen Schuldenkrise Zyperns ein richtiger Schritt getan, indem man private Gläubiger an der Rettung der zypriotischen Banken beteiligte und nicht den Irrglaube bestätigte, dass Schuldtitel von Geschäftsbanken immer eine uneingeschränkte Staatsgarantie beinhalten.

Obwohl es für eine Volkswirtschaft fahrlässig erscheint, durch die Verweigerung von Liquiditätshilfen für insolvenzgefährdete Banken einen größeren realwirtschaftlichen zuzulassen, muss ein Weg gefunden werden, der die Insolvenz einer namhaften Geschäftsbank glaubwürdig erscheinen lässt, da nur auf diese Weise die aus der Staatsgarantie resultierenden Anreize zu moralischen Risiken tatsächlich beseitigt werden. Auch könnte man das Verweigern von Staatshilfen und die nach der Insolvenz einer systemrelevanten Geschäftsbank entstehenden realwirtschaftlichen Kosten als Investition auffassen: Die Kosten, die heute durch die Insolvenz der Geschäftsbank entstehen, könnten durch künftige Ersparnisse gedeckt werden. Dieses Ersparnis liegt in einem niedrigeren systemischen Risiko, da systemrelevante Banken bei der Glaubwürdigkeit der Insolvenz keinen Anreiz zu moralischen Risiken mehr haben und weiterhin in der Eliminierung der aus der Staatsgarantie resultierenden Verzerrungen an den Finanzmärkten.

Kommt es dennoch erneut zu einer Finanzkrise ähnlichem Ausmaßes und der Rettung systemrelevanter Banken mit öffentlichen Mitteln, so sollte man zumindest der Öffentlichkeit einen besseren Zugang zur Thematik der Systemrelevanz ermöglichen, da dieses Kriterium zumindest formal über die Verwendung von Milliarden an Steuergeldern entscheidet.

III. Literaturverzeichnis

Ackermann, J. (2012). Mehr Stabilität für die gobalen Finanzmärkte - die Sicht der Banken. In J. P. Krahnen, *Wiederaufbau der Finanzmärkte* (S. 11-26). Frankfurt/M.: Fritz Knapp Verlag.

Aebersold Szalay, C. (2011). Der Interbankenmarkt als fragiles System. *Neue Zürcher Zeitung*(03.09.2011).

Allen, F., & Gale, D. (2000). Financial Contagion. *Journal of Political Economy, 108*(1), S. 1-33.

Bagehot, W. (1873). *Lombard Street: A Description of the Money Market.* London.

Bank for International Settlements, Financial Stability Board, International Monetary Fund. (2009). *Guidance to Assess the Systemic Importance of Financial Institutions, Markets and Instruments: Initial Considerations.*

Bank für internationalen Zahlungsausgleich. (2009). *79. Jahresbericht 1. April 2008 - 31. März 2009.* Basel.

Bank für internationalen Zahlungsausgleich. (2010). *80. Jahresbericht 1. April 2009 - 31. März 2010.*

Basler Ausschuss für Bankenaufsicht. (2003). *Management operationeller Risiken - Praxisempfehlungen für Banken und Bankenaufsicht.* Basel.

Basler Ausschuss für Bankenaufsicht. (2011). *Global systemrelevante Banken: Bewertungsmethodik und Anforderungen an die zusätzliche Verlustabsorptionsfähigkeit.* Abgerufen am 5. Juni 2013 von http://www.bis.org/publ/bcbs207_de.pdf

Basler Ausschuss für Bankenaufsicht. (2012). *Rahmenregel für den Umgang mit national systemrelevanten Banken.* Abgerufen am 21. Mai 2013 von http://www.bis.org/publ/bcbs233_de.pdf

Baßeler, U., Heinrich, J., & Utecht, B. (2010). *Grundlagen und Probleme der Volkswirtschaft.* Stuttgart: Schäffer-Poeschel-Verlag.

Beckert, J. (2010). Die Finanzkrise ist auch eine Vertrauenskrise. *Jahrsbericht 2009 der Max-Planck-Gesellschaft zur Förderung der Wissenschaften e.V.*, 14-23.

Bernanke, B. S. (2008). Aussage vor dem U.S. Congress. Anhörung des Joint Economic Comitee. "Economic outlook". *Board of Governors of the Federal Reserve System - News & Events.*

Bernanke, B. S. (2010). Bernanke says Fed had to let Lehman fail. *Los Angeles Times*(03.09.2010).

Bernau, P. (2013). Nicht alles ist "systemrelevant". *Frankfurter Allgemeine Zeitung*(25.03.2013).

Board of Govenors of the Federal Reserve System. (2013). *Open Market Operations*. Abgerufen am 3. Juni 2013 von http://www.federalreserve.gov/monetarypolicy/openmarket.htm

Bofinger, P. (2011). *Grundzüge der Volkswirtschaftslehre*. München: Pearon Studium.

Bohsem, G. (2010). 111,65 Euro - für jeden. *Süddeutsche Zeitung*(17.05.2010).

Brewer, E., & Jagtiani, J. (2009). How much did banks pay to become too-big-to-fail and to become systemically important? *Reserve Bank of Philadelphia Working Papers, 09-34*.

Buchelt, R., & Unteregger, S. (2005). *Management des operationellen Risikos*. Wien: Österreichische Nationalbank.

Bundesministerium der Finanzen. (2013). *Bundesregierung beschließt Trennbankengesetz und neue Strafrechtsregelungen im Finanzsektor*. Abgerufen am 18. Mai 2013 von http://www.bundesfinanzministerium.de/Content/DE/Pressemitteilungen/Finanzpolitik/2013/02/2013-02-06-PM12.html

Bundesministerium für Finanzmarktstabilisierung. (2013). *Historischer Überblick über die Maßnahmen des SoFFin*. Abgerufen am 28. April 2013 von http://www.fmsa.de/export/sites/standard/downloads/sonstige/2012-12-31_FMSA_Historischer_Ueberblick.pdf

Bundesministerium für Finanzmarktstabilisierung. (2013a). *Fragen und Antworten*. Abgerufen am 28. April 2013 von http://www.fmsa.de/de/fmsa/fragen-und-antworten/

Bundesministerium für Finanzmarktstabilisierung. (2013b). *Glossar - Bad Bank*. Abgerufen am 6. Juni 2013 von http://www.fmsa.de/de/service/glossar/index.html

Bundesministerium für Wirtschaft und Technologie (BMWI). (2013). *Betriebliche Kennzahlen*. Abgerufen am 9. Juni 2013 von http://www.bmwi-unternehmensportal.de/liquiditaet/controlling/00030/

Bundesverband deutscher Banken. (o.Jg.). *Der angemessene Umgang mit systemrelevanten Banken*. Abgerufen am 28. April 2013 von https://bankenverband.de/themen/politik-gesellschaft/defacto/defacto-nr.13/der-angemessene-umgang-mit-systemrelevanten-banken

Bundeszentrale für politische Bildung. (2013a). *Goldene Bankregel*. Abgerufen am 10. Juni 2013 von http://www.bpb.de/nachschlagen/lexika/lexikon-der-wirtschaft/19538/goldene-bankregel

Bundeszentrale für politische Bildung. (2013b). *Offenmarktpolitik*. Abgerufen am 14. Mai 2013 von http://www.bpb.de/nachschlagen/lexika/lexikon-der-wirtschaft/20276/offenmarktpolitik

Bundeszentrale für politische Bildung. (2013c). *Investition*. Abgerufen am 15. Mai 2013 von Lexikon der Wirtschaft: http://www.bpb.de/nachschlagen/lexika/lexikon-der-wirtschaft/19672/investition

Büschgen, H. E. (1997). Universalbankensystem versus Trennbankensystem: Vor- und Nachteile. *Die Bürger im Staat, 47*(1), S. 16ff.

Deutsche Bundesbank. (2001). *Monatsbericht April 2001*. Frankfurt/M.

Deutsche Bundesbank. (2011). *Monatsbericht März 2011*. Frankfurt/M.

Deutsche Bundesbank. (2013a). *Deutsche Bundesbank - Glossar - B - Bank(Kreditinstitut)*. Abgerufen am 9. Juni 2013 von http://www.bundesbank.de/Navigation/DE/Bundesbank/Wissenswert/Glossar/Functions/glossar.html?lv2=32022&lv3=62142#62142

Deutsche Bundesbank. (2013b). *Glossar - L - Liquidität*. Abgerufen am 9. Juni 2013 von http://www.bundesbank.de/Navigation/DE/Bundesbank/Wissenswert/Glossar/Functions/glossar.html?lv2=32040&lv3=62072

Deutscher Bundestag. (2009). *Drucksache 16/14000*. Abgerufen am 11. Juni 2013 von http://dip21.bundestag.de/dip21/btd/16/140/1614000.pdf

Deutscher Bundestag. (2012). *Drucksache 17/10931*. Abgerufen am 28. April 2013 von http://dip21.bundestag.de/dip21/btd/17/109/1710931.pdf

Diamond, D. W., & Dybvig, P. H. (1983). Bank Runs, Deposit Insurance and Liquidity. *Journal of Political Economy, 91*, S. 401-419.

Donges, J. B., Feld, L. P., Möschel, W., Neumann, M. J., & Wieland, V. (2011). *Systemstabilität für die Finanzmärkte*. Berlin: Stiftung Marktwirtschaft.

Drost, F. M., & Sigm, T. (2009). HRE-Skandal belastet Bundesbank. *Handelsblatt*(30.07.2009).

Europäische Kommission. (2008). *Subject: State aid NN 44/2008 - Germany*. Abgerufen am 9. Juni 2013 von http://ec.europa.eu/competition/state_aid/register/ii/doc/NN-44-2008-WLWL-en-02.10.2008.pdf

Europäische Zentralbank. (2008a). *Monatsbericht August 2008*. Frankfurt/M.

Europäische Zentralbank. (2008b). *Jahresbericht 2008*. Frankfurt/M.

Europäische Zentralbank. (2009). *Jahresbericht 2009*. Frankfurt/M.

Europäische Zentralbank. (2013). *Transparenz*. Abgerufen am 4. Juni 2013 von http://www.ecb.int/ecb/orga/transparency/html/index.de.html

faz.net. (2009). Das Kaufangebot des Bundes gilt. *Frankfurter Allgemeine Zeitung*(17.04.2009).

Financial Stability Board. (2012). *Update of group of global systemically important banks (G-SIBs)*. Abgerufen am 5. Juni 2013 von http://www.financialstabilityboard.org/publications/r_121031ac.pdf

finanzen.net. (2013). *Hypo Real Estate - Bilanz/GuV*. Abgerufen am 8. Juni 2013 von http://www.finanzen.net/bilanz_guv/Hypo_Real_Estate

Fitzpatrick, T. F., & Thomson, J. B. (2011). How Well Does Bankruptcy Work When Large Financial Firms Fail? Some Lessons From Lehman Brothers. *Economic Commentary, 2011-23*.

Frankfurter Allgemeine Zeitung. (2007). Die Banken vertrauen sich nicht mehr. *Frankfurter Allgemeine Zeitung, 190*(17.08.2007), S. 21.

Freixas, X., Giannini, C., Hoggarth, G., & Soussa, F. (1999). Lender of Last Resort: a review of the literature. *Financial Stability Review, 7*, S. 151-167.

Gablers Wirtschaftslexikon. (2013). *Vertrauen*. Abgerufen am 27. Mai 2013 von http://wirtschaftslexikon.gabler.de/Definition/vertrauen.html

Galbraith, J. K., & Hale, T. (2004). Income Distribution and the Information Technology Bubble. *University of Texas Inequality Project Working Paper, 27*.

Görgens, E., Rückriegel, K., & Seitz, F. (2008). *Europäische Geldpolitik: Theorie - Empirie - Praxis*. Stuttgart: Lucius & Lucius.

Götz, T. (2011). *Die Verstaatlichung von Banken*. Dissertation, Universität Mannheim.

Greive, M. (2013). Finanzkrise kostet Deutschland 187 Milliarden. *Wirtschaftswoche*(03.04.2013).

Haldane, A. G. (2009). Vortrag bei der Financial Student Association Amsterdam "Rethinking the Financial Network". *Bank of England*.

Handelsblatt. (2010). Der Börsen-Crash, der aus dem Nichts kam. *Handelsblatt*(07.05.2010).

Hartmann-Wendels, T., Pfingsten, A., & Weber, M. (2006). *Bankbetriebslehre*. Berlin und Heidelberg: Springer.

Hypo Real Estate Group. (2012). *Geschäftsbericht 2012*. München.

Hypo Real Estate Holding. (2009). *SoFFin beschließt weitere Unterstützung für HRE-Konzern*. Pressemitteilung vom 04.11.2009.

Hypo Real Estate Holding. (2010). *EU Kommission genehmigt vorläufig die Übertragung von Vermögenswerten.* Pressemitteilung vom 24.09.2010.

Illing, F. (2013). *Deutschland in der Finanzkrise.* Wiesbaden: Springer VS.

Isidore, C. (2008). Why they let Lehman die. *CNNMoney*(15.09.2008).

Issing, O. (2011a). *Einführung in die Geldtheorie.* München: Vahlen.

Issing, O. (2011b). Ist nach der Krise vor der Krise? *Die Bank, 01/2011*, S. 14-16.

Jarchow, H.-J. (2003). *Theorie und Politik des Geldes.* Göttingen: Vandenhoeck & Ruprecht.

Kaitlin, M., & Kensil, S. E. (2012). The Advantage of Failing First: Bear Stearns v. Lehman Brothers. *Journal of Applied Finance, 22*(2).

Kane, E. J. (2000). Incentives for Banking Megamergers: What Motives Might Regulators Infer from Event-study Evidence? *Journal of Money, Credit and Banking, 32*(3), S. 671-701.

Knothe, D. (2011). Die Züchtung "Schwarzer Schwäne": Zum Zusammenhang von politisch geförderten Stabilitätsillusionen und Blasenwirtschaft. In O. Kessler (Hrsg.), *Die Internationale Politische Ökonomie der Weltfinanzkrise* (S. 227-247). Wiesbaden: VS.

Köhler, C., & Weber, M. (2013). Die Finanz- und Wirtschaftskrise - Ursachen, Folgen und Interventionen. In O. Quiring, H. Kepplinger, M. Weber, & S. Geiß (Hrsg.), *Lehman Brothers und die Folgen* (S. 13-25). Wiesbaden: Springer.

Lanz, M. (2013). Too-big-to-fail-Problematik bleibt virulent. *Neue Zürcher Zeitung*(25.01.2013).

Lehman Brothers Holdings Inc. (2008). *Press Release.* Abgerufen am 11. Juni 2013 von http://www.lehman.com/press/pdf_2008/091508_lbhi_chapter11_announce.pdf

Malik, O. (2012). *Banken-Bailouts.* Frankfurt: Campus-Verlag.

Mankiw, G. P., & Taylor, M. P. (2012). *Grundzüge der Volkswirtschaftslehre.* Stuttgart: Schäffer-Poeschel.

Meyer-Kuckuk, F. (2008). Hypo Real Estate schockt Anleger. *Handelsblatt*(15.01.2008).

Mishkin, S. F. (1999). Financial Consolidation: Dangers and Opportunities. *Journal of Banking and Finance, 23*(2-4), S. 675-691.

Mollenkamp, C., Craig, S., Mccracken, J., & Hilsenrath, J. (2008). The Two Faces of Lehman's Fail. *Wall Street Journal*(06.10.2008).

Morrison, A. D. (2011). Systemic risks and the "too-big-to-fail" problem. *Oxford Review of Economic Policy, 27*(3), S. 498-516.

Moshinsky, B., & Brunsden, J. (2012). Too-Big-to-Fail Bank Definition May Be Expanded by Regulators. *Bloomberg*(11.01.2012).

Neue Zürcher Zeitung. (2012). Einlegerschutz soll Sturm auf Banken vorbeugen. *Neue Zürcher Zeitung*(23.05.2012).

Pohl, R. (2009). Krisenbewältigung und Krisenvermeidung: Lehren aus der Finanzkrise. *ORDO, 60/2009*, S. 289-316.

Radtke, S. (2010). *Liquiditätshilfen im Eurosystem - Zentralbanken als Lender of Last Resort.* Dissertation, Friedrich-Schiller-Universität Jena.

Ramthun, C., Augter, S., Hoffmann, M., & Schmergal, C. (2009). Wer profitiert vom HRE-Debakel? *Wirtschaftswoche*(28.07.2009).

Sachverständigenrat zur Begutachtung der gesamtwirtschaftlichen Entwicklung. (2007). *Jahresgutachten 2007/08*. Wiesbaden.

Sachverständigenrat zur Begutachtung der gesamtwirtschaftlichen Entwicklung. (2008). *Jahresgutachten 2008/09*. Wiesbaden.

Sachverständigenrat zur Begutachtung der gesamtwirtschaftlichen Entwicklung. (2009). *Jahresgutachten 2009/10*. Wiesbaden.

Schindler, T. (2012). Trennbankensystem Folgen schwer absehbar. *Die Sparkassenzeitung, 31*(03.08.2012), S. 1.

Seel, G. (2012). *Das Liquiditätsrisiko der Banken in der Finanzkrise*. Wiesbaden: Springer.

Siedenbiedel, C. (2. Februar 2013). Die Libor-Bande. *Frankfurter Allgemeine Sonntagszeitung*.

Sinn, H.-W. (2012). *Kasino Kapitalismus*. Berlin: Ullstein.

Slovik, P. (2012). Systemically Important Banks and Capital Regulation Challanges. *OEC Economics Department Working Papers, 916*.

Socher, K., Driftmann, H. H., & Blum, U. (2012). Aufspaltung der Universalbanken: Krisenprävention oder gefährlicher Eingriff in das Bankensystem? *ifo Schnelldienst, 21/2012*, S. 3-12.

Solow, R. M. (1956). A Contribution to the Theory of Economic Growth. *The Quaterly Journal of Economics, 70*(1), S. 65-94.

Sorkin, A. R. (2008). Lehman Files for Bankruptcy; Merrill Is Sold. *New York Times, New York Edition*(15.09.2008), S. A1.

Spahn, H.-P. (2009). *Geldpolitik*. München: Vahlen.

Steltzner, H. (2007). Die Vertrauenskrise. *Frankfurter Allgemeine Zeitung, 185*(11.08.2007), 1.

Stiglitz, J. E., & Weiss, A. (1981). Credit Rationing in Markets with Imperfect Information. *The American Economic Review, 71*(3), S. 393-410.

tagesschau.de. (2009a). *Milliarden-Garantie für HRE verlängert*. Abgerufen am 9. Juni 2013 von http://www.tagesschau.de/wirtschaft/hre200.html

tagesschau.de. (2009b). *Hypo Real Estate wird vollständig verstaatlicht*. Abgerufen am 9. Juni 2013 von http://www.tagesschau.de/wirtschaft/hre314.html

tagesschau.de. (2012). *Systemrelevante Banken müssen Notfallplan vorlegen*. Abgerufen am 30. April 2013 von http://www.tagesschau.de/wirtschaft/systemrelevantebanken100.html

tagesschau.de. (2013). *Großbanken sollen ihr Testament machen*. Abgerufen am 5. Juni 2013 von http://www.tagesschau.de/wirtschaft/bankenregulierung102.html

Thomson, J. B. (2009). On Systemically Important Financial Institutions and Progressive Systemic Mitigation. *Federal Reserve Bank of Cleveland Policy Discussion Papers, 27*.

Tobias Lösel. (2010). Die Reaktionen der Staaten im internationalen Vergleich. In R. Elschen, & T. Lieven (Hrsg.), *Der Werdegang der Krise* (S. 259-279). Wiesbaden: Gabler.

Vollmer, U., & Diemer, M. (2011). Bankenrettung, constructive ambiguity und moralisches Risiko. *Jahrbuch für Wirtschaftswissenschaften, 02/2011*, 139-159.

Weber, A. (2008). *Notenbanken und Finanzstabilität - Vortrag auf em Arbeitgebertag 2008*. Berlin.

Weber, A. (2009). Aussage in Protokoll Nummer 17. *Drucksache 16/14000 Deutscher Bundestag*, 55.

Weidmann, J. (2011). *Systemrelevante Finanzinstitute und Schattenbanken: Wie werden systemische Risiken begrenzt - Eingangsstatement auf dem CDU/CSU-Kongress zur Finanzmarktregulierung*. Berlin.

Welter, P. (2011). Die Finanzkrise wäre vermeidbar gewesen. *Frankfurter Allgemeine Zeitung*(27.01.2011).

Wirtschaftslexion24. (2013). *Geschäftsbank*. Abgerufen am 9. Juni 2013 von http://www.wirtschaftslexikon24.com/d/gesch%C3%A4ftsbank/gesch%C3%A4ftsbank.htm

Xavier Freixas. (1999). Optimal Bail Out Policy, Conditionality and Constructive Ambiguity. *Economics Working Papers, 400*.

Zürcher, B. (2010). *Too big to fail und die Wiederherstellung der Marktordnng*. Zürich: Avenir Suisse.

IV. Tabellen- und Abbildungsverzeichnis

Abbildung 1: Netzwerkmodell, vgl. Haldane (2009, S.38f) XI
Abbildung 2: Preisentwicklung der US-Immobilien nach dem Case-Shiller-Index (Sinn 2012, S.64) XI
Abbildung 3: Abgeschlossene Hypothekenkredite im Subprime Markt (Sinn 2012, S.154) XII
Abbildung 4: Risikoprämie am Interbankenmarkt (Bofinger 2012, S.89) XII
Abbildung 5: Entwicklung verschiedener Fazilitäten der EZB (SVR 2008, S.139) XIII
Abbildung 6: Global Systemrelevante Banken (FSB 2012, S.3) XIV

V. Anhang

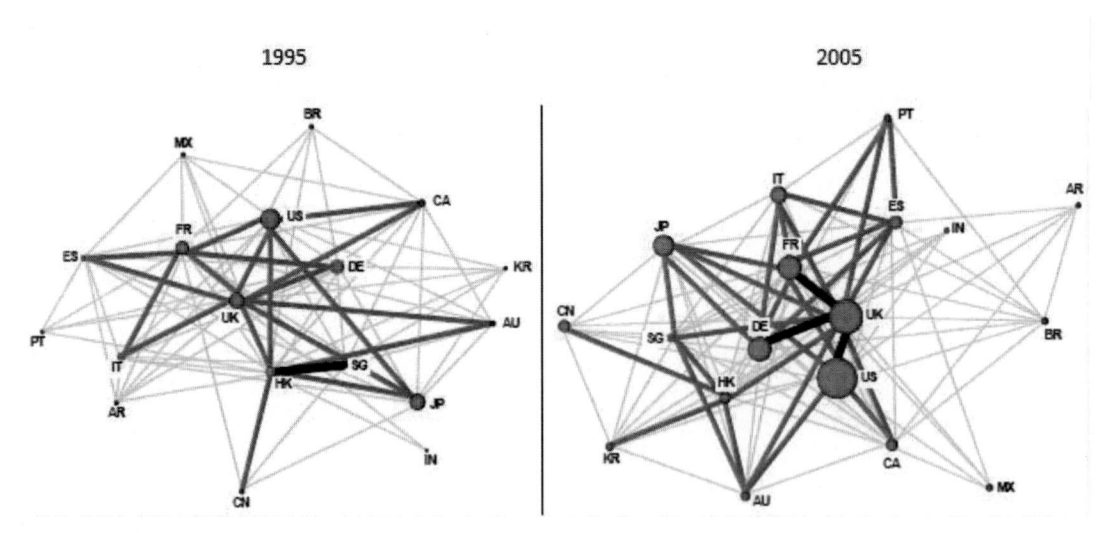

Abbildung 1: Netzwerkmodell, vgl. Haldane (2009, S.38f)

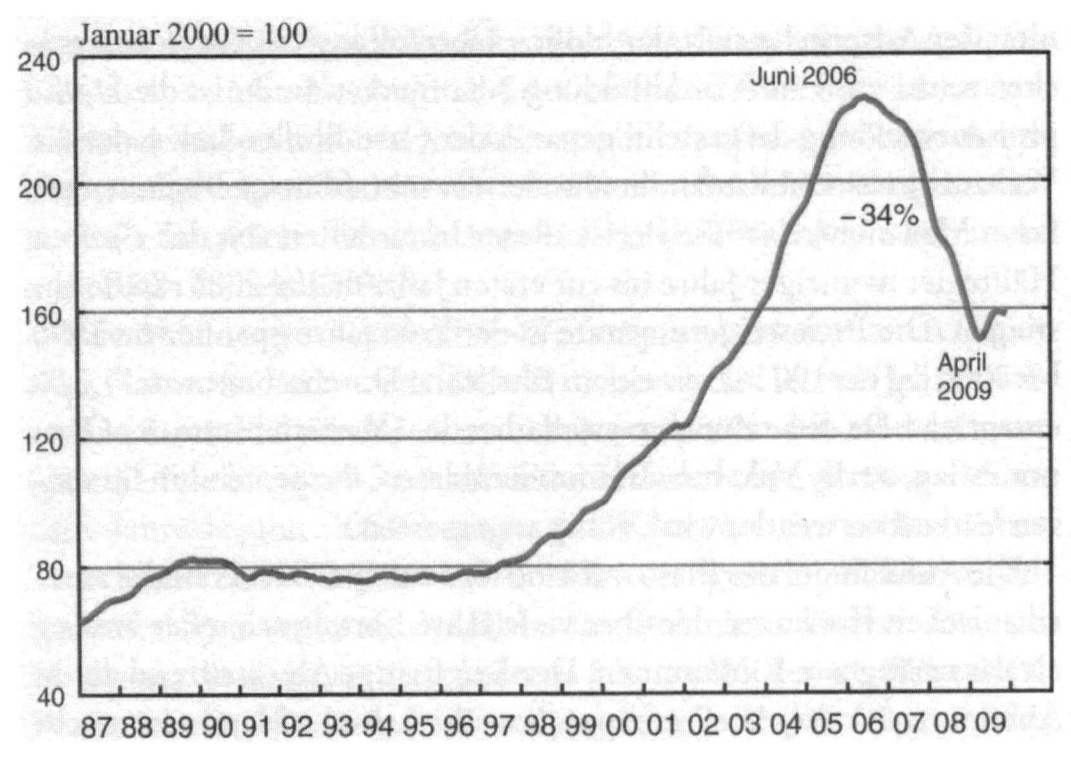

Abbildung 2: Preisentwicklung der US-Immobilien nach dem Case-Shiller-Index (Sinn 2012, S.64)

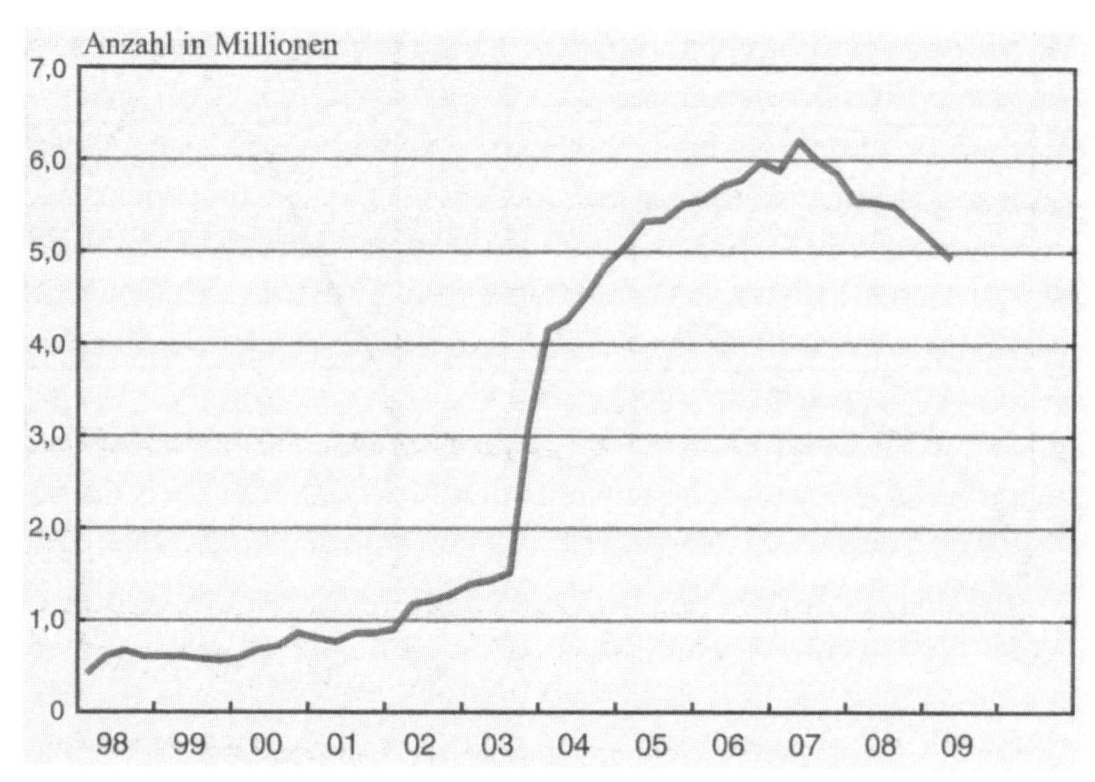

Abbildung 3: Abgeschlossene Hypothekenkredite im Subprime Markt (Sinn 2012, S.154)

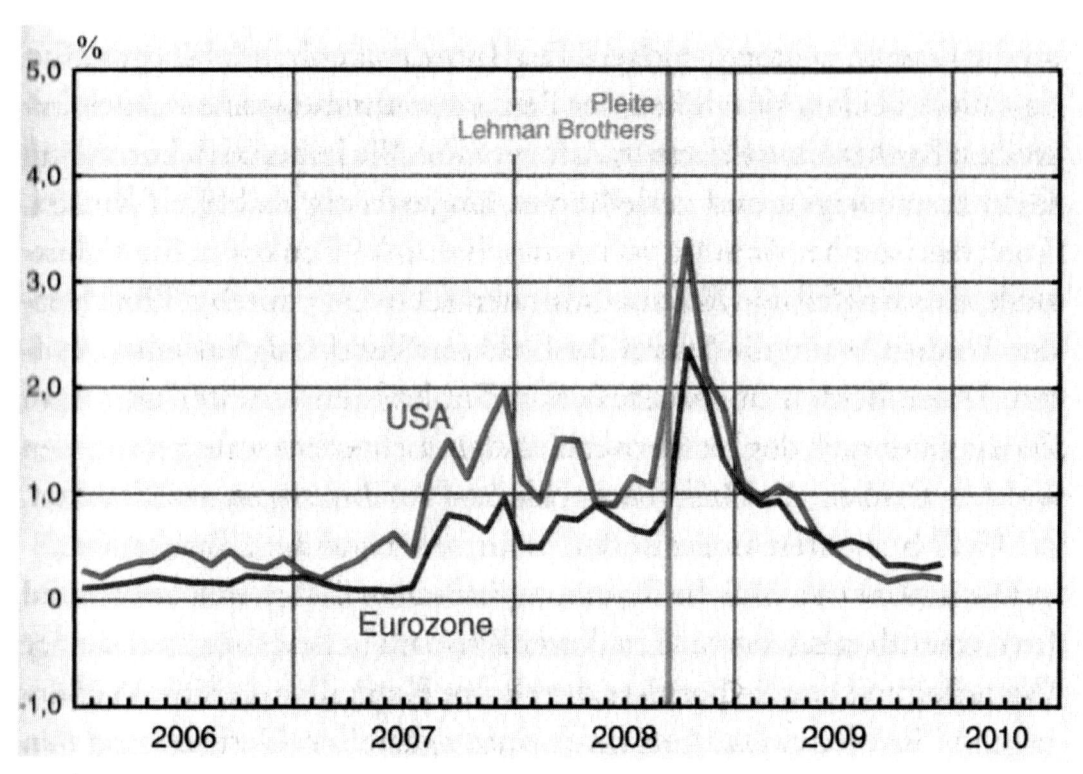

Abbildung 4: Risikoprämie am Interbankenmarkt (Bofinger 2012, S.89)

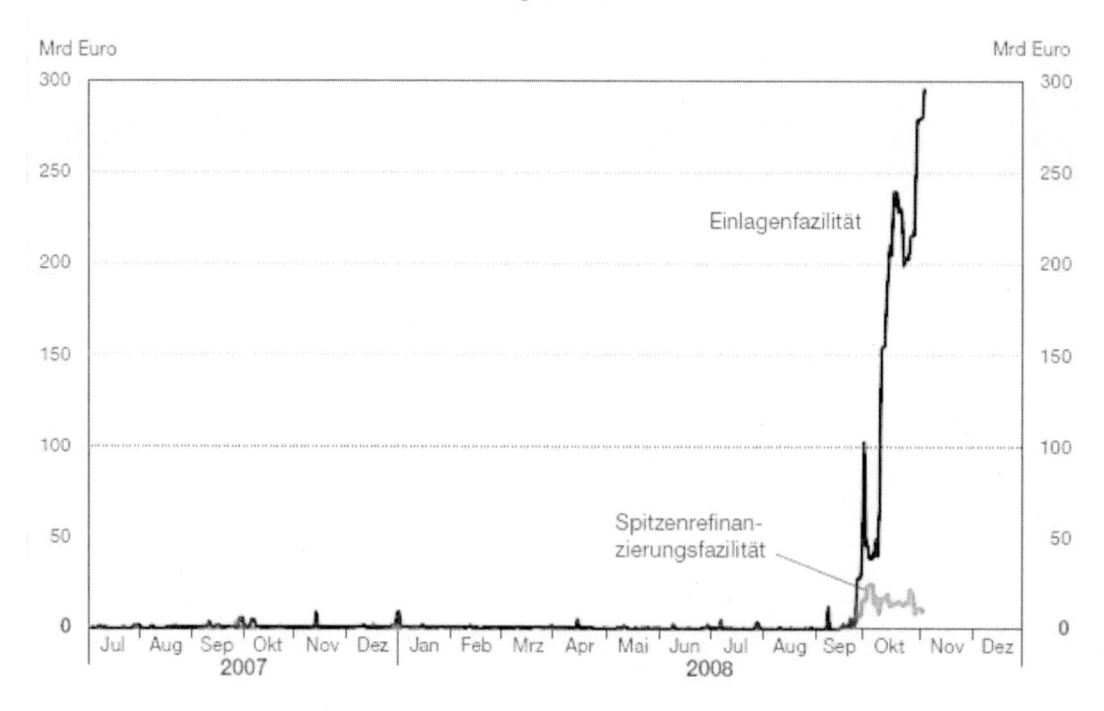

Abbildung 5: Entwicklung verschiedener Fazilitäten der EZB (SVR 2008, S.139)

G-SIBs as of November 2012[3] allocated to buckets corresponding to required level of additional loss absorbency

Bucket[4]	G-SIBs in alphabetical order within each bucket
5 (3.5%)	(Empty)
4 (2.5%)	Citigroup Deutsche Bank HSBC JP Morgan Chase
3 (2.0%)	Barclays BNP Paribas
2 (1.5%)	Bank of America Bank of New York Mellon Credit Suisse Goldman Sachs Mitsubishi UFJ FG Morgan Stanley Royal Bank of Scotland UBS
1 (1.0%)	Bank of China BBVA Groupe BPCE Group Crédit Agricole ING Bank Mizuho FG Nordea Santander Société Générale Standard Chartered State Street Sumitomo Mitsui FG Unicredit Group Wells Fargo

Abbildung 6: Global Systemrelevante Banken (FSB 2012, S.3)